VIE ET TRAVAUX

DE

M. LÉON MOYNET

STATUAIRE A VANDEUVRE

PAR

Mgr FÈVRE

PROTONOTAIRE APOSTOLIQUE

IIIme ÉDITION.

*Invisibilia enim ipsius per ea quæ facta
sunt intellecta conspiciuntur.*

*Les Côtés invisibles de sa personnalité
sont compris et vus dans ses œuvres.*

(Ad. Rom. I.)

SAINT-DIZIER

IMPRIMERIE Veuve CARNANDET

10, RUE DE LAUNE, 10

1880

LÉON   MOYNET

Saint-Dizier. — Typ. Vᵉ Carnandet

VIE ET TRAVAUX

DE

M. LÉON MOYNET

STATUAIRE A VENDEUVRE

PAR

MGR FÈVRE

PROTONOTAIRE APOSTOLIQUE

IIme ÉDITION.

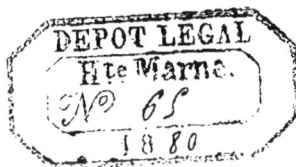

Invisibilia enim ipsius per ea quæ facta sunt intellecta conspiciuntur.

Les Côtés invisibles de sa personnalité sont compris et vus dans ses œuvres.

(AD. ROM. I.)

SAINT-DIZIER

IMPRIMERIE Veuve CARNANDET
10, RUE DE LAUNE, 10

—

1880

AVANT-PROPOS.

En écrivant la biographie de M. Léon Moynet, statuaire à Vendeuvre-sur-Barse (Aube), nous ne nous étions proposé que d'offrir, aux amis de la *Semaine du Clergé*, une intéressante lecture. Un éditeur pense qu'une lecture, à propos, dans un journal, ne sera pas plus mal placée dans un livre et nous demande d'en permettre la reproduction telle quelle. Sans exagérer autrement ses faibles mérites, un auteur est toujours en fond de tendresse pour ses ouvrages ; s'il les a écrits sous une inspiration de prosélytisme, il ne souhaite que les voir se répandre. Nous accordons gracieusement cette permission, trop heureux si cet opuscule sert, comme nous l'avons désiré, la sainte cause du travail, de l'art et des splendeurs du culte.

Le brave statuaire dont nous avons célébré spontanément les œuvres populaires et monumentales, nous est apparu sous ce triple aspect. D'abord nous avons vu, en lui, un enfant du peuple qui, par la loi du travail et sous l'exception du talent, s'est créé lui-même, s'est fait l'homme de ses œuvres et s'est assuré, grâce à une loyale persévérance, la plus honorable condition. Ensuite, nous avons vu, dans cet homme de labeur, un artiste qui, faisant descendre, sur des éléments infimes, les rayons de la flamme qui ceignait son front d'une auréole, a répandu, sur mille créations, les traits constitutifs du beau. Enfin, dans l'artiste, nous avons vu le décorateur populaire des églises pauvres, le chantre plastique de Jésus, de la Vierge et des Saints, l'illuminateur des Litanies de la Sainte Eglise. Courageux ouvrier, statuaire heureux, décorateur bien venu d'églises si tristement dépouillées des beautés d'autrefois, M. Moynet se présentait, avec les caractères qui gagnent toujours les meilleures sympathies du sacerdoce en s'imposant à sa pieuse gratitude.

Pour parler avec l'exactitude nécessaire, nous avons dû visiter, à plusieurs reprises, les ateliers de M. Moynet. Nous avons trouvé, dans le patron et dans la fourmilière d'artistes qui le seconde si bien, une parfaite obligeance. Dans cette foule, où se rencontrent des hommes dont nous gardons le plus reconnaissant souvenir, le statuaire de Vendeuvre s'est toujours montré noblement simple et généreusement bon. Exempt de fiel, il possède, dans une âme inoffensive, un cœur plein des plus belles flammes et des plus saintes énergies. Si les sentiments que nous ont inspiré les Saints ont déteint sur la figure de l'artiste, nous n'en demandons pas grâce. L'amitié est un élément de la justice.

En parlant, au reste, des statues en terre cuite avec équité et reconnaissance, nous n'avons pas négligé d'en éprouver le mérite : nous avons placé, dans notre église de Louze, quarante statues de Vendeuvre. Ces statues sont notre plus bel ouvrage et notre plus éloquent discours. Nos paroissiens les ont accueillies, nous ne dirons pas avec une entière satisfaction : ce serait trop peu dire ; mais avec un bel enthousiasme, avec une espèce de joyeuse ivresse ; ils continuent de les révérer dans les mêmes sentiments. Nous appliquerions donc volontiers, en les modifiant un peu, à cette iconographie céramique, les belles paroles de Cassiodore : « Parmi les ouvrages des mains, celui pour lequel j'avouerai ma préférence, c'est le travail des statuaires, pourvu qu'ils le fassent à bonne intention, d'après les principes de l'art, et avec les vertus de leur état ; car, en multipliant les images saintes, ils enrichissent leur intelligence, augmentent leurs mérites et accroissent le nombre des serviteurs de Dieu. Heureuse application, travail digne de louange : prêcher par le travail des mains, ouvrir de ses doigts les langues muettes, porter silencieusement la vie éternelle aux hommes, combattre du ciseau les suggestions du mauvais esprit ! Du lieu où le sculpteur est assis, par la propagation de ses statues il visite de nombreuses provinces ; on voit son œuvre dans les lieux saints, les peuples la vénèrent, et, en la vénérant, apprennent à se détourner de leurs passions pour se tourner au service du Seigneur. O glorieux spectacle à qui sait le contempler ! Un petit roseau, armé d'un fil de fer, en courant sur l'argile, y fait rayonner la doctrine céleste, comme pour réparer l'injure de cet autre roseau dont fut frappée, au jour de la Passion, la tête du Sauveur. Mais gardez-vous de confondre le mal avec le bien, par une téméraire adultération des principes. Lisez ceux des auteurs qui ont traité de l'art d'après les dogmes de la foi et les prescriptions de la Sainte Eglise. Ajoutez, à ces nécessaires études, l'art des bons ouvriers qui savent honorer par leur conduite, les maximes qu'ils s'efforcent d'inculquer aux autres par leurs ouvrages ; imitant, de cette façon, la parabole de l'Evangile, où le Seigneur invite les élus au festin du Ciel, mais les veut parés de la robe nuptiale. (1) »

C'est là, pour nous, le vrai point de vue. Je suis tout à fait per-

---

(1) CASSIODORE, *De institutione divinarum scripturarum*, Lib. I, nos 27, 28, 30.

suadé que notre siècle n'a pas inventé la maxime : Qu'il faut manger pour vivre ; mais j'ai peur qu'il n'ait oublié que, pour vivre, il faut se nourrir d'amour et de lumière. J'ai pour la culture de la betterave un respect profond, et, pour l'élevage du lapin, une estime sentie ; mais, j'attribue un peu plus d'influence aux exemples des Saints. Les braves ont toujours gouverné le monde ; ils le gouverneront toujours : l'idéal reste à tout jamais la plus belle passion des hommes. En évoquant dans ma mémoire le souvenir de toutes les grandes âmes qui ont passé sur la terre, je suis fier d'appartenir à cette glorieuse lignée, et si je puis contempler, par la représentation plastique, les traits qu'ils ont animés de leurs saintes ardeurs, c'est un bonheur pour mon âme. Les Saints sont nos pères, nous sommes les enfants des Saints. Tout homme qui n'a pas essuyé de son front l'eau du baptême appartient à l'aristocratie des âmes et des cœurs. L'Eglise est une mère qui annoblit tous ses enfants. Pour apanage elle leur donne une vaillante aptitude au dévouement, au courage, au sacrifice, à tout ce qui est grand, généreux et noble. Ceux-là seulement sont vilains qui dérogent ; mais il n'y a point de condition humaine qui contraigne l'enfant de l'Eglise à déroger. Et comme notre Sainte Mère l'Eglise nous sait faibles, pour nous tenir à la hauteur de notre destinée, elle met, sous nos yeux, les images de ceux qui, placés avant nous dans les mêmes conditions, traversés par les mêmes épreuves, ont combattu bravement et remporté l'éternelle victoire. Les vieux parchemins, les vieux écussons, les vieux portraits placés dans les galeries des nobles soutiennent les descendants des preux où les accablent par le contraste qui peut s'établir entre les fils dégénérés et leurs nobles ancêtres. Nous, nos galeries et nos musées, ce sont nos églises; nos preux, ce sont nos Saints ; et pour nous animer à la bravoure nous n'avons qu'à reporter les yeux sur leurs images.

Leur crédit, au surplus, nous soutient encore plus que leur souvenir. Il est bon de croire à la communion des Saints et d'y vivre; il est bon d'être soutenu par les prières de ceux qui vivent, ici-bas dans la grâce, là haut dans la gloire ; il est bon de posséder au milieu des misères qui nous affligent, une part de ces mérites éclatants, d'avoir cette richesse pendant la vie et de la garder après la mort. Quand je songe à tout ce que rejettent les impies, ou négligent les indifférents, je n'y comprends rien, sinon que le démon les joue d'une manière bien cruelle, au dépens de leur bonheur, au mépris de leur propre raison. Pourquoi ceux qui croient à la divinité de Jésus-Christ, repoussent-ils la communion des Saints? Quelle absurde irréflexion et quel déraisonnement plus absurde les oblige à nier ce dogme, à refuser ce secours ? Quand ils poursuivent d'une ardeur si patiente la faveur des grands, pour en obtenir les biens de ce monde, sont-ils négligents à se servir de leurs parents, amis et connaissances, de tous ceux qui par un motif ou par un autre, souvent pour des causes honteuses, sont en crédit. On veut entrer à tout prix, par tous les services, par toutes les bassesses, dans la communion des riches, des puissants, des forts... et l'on trouverait indigne de prier Dieu par ses Saints. Ceux qui n'auront pas voulu connaître les Saints pour leurs pères et leurs patrons, les Saints ne les reconnaîtront pas pour leurs héritiers et Dieu refusera de les agréer pour ses enfants.

Mais j'oublie que je n'ai pas à préconiser le culte des Saints.

J'ai voulu seulement honorer un de leurs bons serviteurs, un des hommes qui, par l'art, a vulgarisé leurs images, ravivé leur souvenir et rappelé à leur intercession. Après en avoir parlé avec sympathie et justice, je me suis fait un devoir de n'en parler, lui vivant, qu'avec une respectueuse réserve. Toutefois, dans l'intérêt de l'art céramique, je lui demanderai de permettre que ce travail se puisse acheter dans sa maison, comme profit de l'éditeur et du *cicerone*, avec le catalogue et l'album. Je sais bien que je lui demande un sacrifice, et je sais trop quelle répugnance invincible il doit éprouver pour une telle concession. Mais nous ne sommes point gens capables de nous croire par nous-mêmes, quelque mérite, et nous n'avons pas à nous ménager les considérations par les petits secrets d'une petite diplomatie. A nous l'humilité et l'oubli ; mais à Dieu et à ses Saints soient à jamais tout honneur et toute gloire.

JUSTIN FÈVRE,
protonotaire-apostolique.

M. MOYNET STATUAIRE.

Le voyageur qui montait, il y a trente ans, de Troyes à Lan-
gres, découvrait à sa droite, avant d'arriver à Vendeuvre-sur-
Barse, une grange, assez chétive d'aspect, qui s'était posée, on
ne sait trop pourquoi, dans une vigne. Aucun accident extérieur
n'annonçait que ce fut une ruine ; aucun ornement n'indiquait
sa destination, son objet ou son caractère. Pas de roue tournant
sur elle-même avec fracas ; pas de cheminée élevant sa noire
colonne et se couronnant d'une blanche et ondoyante spirale ;
bien plus, pas d'ouvriers. Que si vous pénétriez dans cette grange
solitaire, la surprise du sentiment s'ajoutait aux préoccupations
de l'esprit. Après avoir franchi le seuil, vous n'aperceviez partout que membres épars : *Disjecti membra poetæ* : des têtes, des
bustes, des jambes, des bras, mais modelés en terre ; par-ci,
par-là, quelques moules en plâtre, quelques livres parlant des
saints. Pas l'ombre de mobilier ; à peine un lit, un verre et une
assiette : l'habitant de cette nouvelle thébaïde devait, comme
l'ange Raphaël, se nourrir d'une nourriture invisible. Quel était
donc l'hôte de cette grange ? c'était un grand beau jeune homme,
d'une trentaine d'années environ, vêtu d'une grande blouse
blanche, le front encadré dans de grands cheveux, l'œil doux,
presque timide, souvent tourné à la contemplation intérieure,
au fond, une âme chevaleresque. Depuis quatre ou cinq ans, ce
jeune homme s'était enterré tout vivant dans cette solitude avec
le hardi projet de renouveler la statuaire religieuse et de porter
plus haut les esprits abattus. Pour l'accomplissement d'un si
noble dessein, le restaurateur futur de l'art céramique possédait
tout en gros, quelques poignées de terre argileuse et sa volonté.

A force de méditations, de travail et de courage, l'artiste achevait, de temps en temps, une statue, la plaçait sur une civière et la faisait porter, non sans péril de bris, à sept ou huit kilomètres, pour la cuire au village d'Amance, pêle-mêle avec les pots et casseroles en grès. Après cuisson, le statuaire se mettait à peindre, à dorer, à illuminer son ouvrage, puis, composant à loisir une seconde statue, il attendait patiemment l'acheteur, qui, trop souvent, hélas ! se faisait vainement attendre. Le métier occupait et éprouvait ainsi le vaillant ouvrier, mais sans le sustenter autrement, surtout sans faire fléchir son courage. Des années se passèrent au milieu de ces épreuves ; on ne saura qu'au jugement de Dieu, au prix de quels sacrifices.

Aujourd'hui le voyageur qui passe, en chemin de fer sur le viaduc de Vendeuvre, aperçoit, à la place du pauvre hangar, une cité ouvrière. De loin, l'œil discerne de grandes colonnes de pierres, reliées par une grande colonnade en fer, où la clématite et le chèvre-feuille se marient pour rehausser, par la verdure et les fleurs, les œuvres de l'art. Au sommet de deux colonnes, une statue équestre, accompagnée, sur les colonnes voisines, de figures d'anges ; ici, saint Georges tuant avec sa lance le dragon : c'est l'emblème de l'artiste qui, avec son petit outil, par les opérations victorieuses de la pensée, a terrassé la nature morte, mais rebelle ; là, saint Martin, partageant, avec un pauvre, son manteau de soldat, autre symbole de l'artiste qui départ, à l'humanité déchue, les splendeurs de l'art ; à droite et à gauche, les anges offrent, dans de grandes coquilles, les eaux de la grâce, ces eaux qui, du sein du Christ, jaillissent jusqu'à la vie éternelle, par les sacrements d'abord, ensuite par les créations de la plastique. — Tout en cheminant, nous devisons de ces expressives beautés : nous voici à la porte de l'établissement : nous pouvons entrer sans autre cérémonie.

Une longue cour montante où s'arrondissent et se prolongent des corbeilles, où fleurissent les lilas et la boule-de-neige, reçoit

les visiteurs. A gauche, un petit magasin de statuettes pieuses ;
à droite, un bureau de comptabilité, où la céramique vous fait
entrevoir déjà les secrets de sa magique puissance ; au fond, une
maison à deux étages où les neuf muses ont apporté leur part de
décor, mais où les ouvriers, en offrant chaque année au patron
les monuments de leur gratitude, ont presque effacé l'ouvrage
des muses ; plus outre un jardin d'agrément avec des allées qui
se croisent, des fleurs qui se renouvellent, une verdure qui ne
meurt jamais, et des bassins superposés qui épanchent jour et
nuit leurs eaux à travers des roches dressées en pyramides ou
en dolmens. Le sourire sur les lèvres, le cœur sur la main, le
créateur de ces merveilles vous reçoit : c'est l'un des bonheurs
de son existence. Le travail a bronzé son teint ; les années ont
fait tomber la neige sur sa tête ; mais si les années et le travail
lui ont fait sentir leurs atteintes, vous diriez que l'art a eu le
secret de rajeunir son âme.

Avec ce doux artiste pour introducteur, vous visiterez successivement le magasin des modèles ; les chambres où travaillent
les artistes ; les ateliers où les ouvriers moulent, peignent, do-
rent et émaillent les statues ; les immenses pièces de rez-de-
chaussée où sont entassées les statues cuites ; enfin quand vous
avez parcouru cette suite de pièces, d'ateliers et de chambres,
vous découvrez, au sommet d'un escalier magistral, dans une
immense avenue ouverte du côté du ciel seulement, le panorama
des saints, le paradis terrestre de l'art. Si peu que vous ayez
examiné ces choses d'un œil intelligent, vous êtes graduellement
pris dans toutes les parties mystérieuses de votre être, vous ar-
rivez comme nécessairement, je ne dis pas à l'admiration,
mais à l'enthousiasme, à l'ivresse. A l'œil ébloui de votre âme
se présente une des scènes enchantées de l'Apocalypse. Alors les
cieux s'abaissent ; alors paraissent les quatre chœurs des saints
et les neufs chœurs des anges ; alors se révèlent le saint des
saints de Jéhovah, l'autel de l'agneau, les vingt-quatre vieil-

lards jetant des couronnes, les sept esprits de la prière, tous les mystères de la céleste Jérusalem. Vous vous surprenez à dire comme le voyant biblique : « Oh ! que vos tentes sont belles, Dieu de Jacob ! que vos tabernacles sont aimés, Dieu d'Israël ! »

L'élément primordial de toutes ces créations artistiques, c'est une pincée de poussière ; mais pour les faire jaillir de ce quasi-néant, il fallait un maître. Qui est cet artiste ? Par quelle éducation classique, par quelle suite d'études, par quelle série d'expériences et de travaux, est-il arrivé à ce point : la réponse à toutes ces questions se trouvera dans cette biographie. Nous voudrions l'écrire avec tout ce qu'on y peut mettre de raison et de sympathie, de lumière et de justice. Que s'il nous est donné de saisir exactement les rayons épars sur mille têtes de saints, nous en aurons formé une auréole gigantesque, digne récompense de l'artiste, puisqu'elle est son œuvre et sa conquête. Nous aurons l'homme loué, par ses propres travaux : c'est, à tout prendre, le meilleur éloge.

I

Jean-Jules-Léon MOYNET naquit à Paris en 1818. Son père, qui devait mourir jeune, et sa mère étaient commerçants ; ils étaient venus à Paris de la province, des environs de Gray ; ils étaient par conséquent, des rejetons de cette forte race franc-comtoise qui a donné de nos jours, à la théologie, le cardinal Gousset ; à la philosophie, Doney et Jouffroy ; à la science, Gainet ; à l'éloquence, Besson ; aux lettres, Weiss et Nodier ; au socialisme, Fourier et Proudhon. De leur sang venait de naître un enfant qui serait, pour son pays, une illustration nouvelle, pour son temps, un digne représentant de l'art catholique.

A Paris, l'éducation des enfants offre beaucoup de facilités, mais encore plus de périls. Quand le petit Léon eut grandi, on l'envoya, à Besançon, pour étudier l'abécédaire de l'art, la géo-

métrie descriptive, le dessin, l'anatomie. Les maîtres lui trouvaient du talent, du goût, de l'application au travail, surtout,
avec une rare douceur, une plus rare volonté ; les parents, après
ce premier et heureux noviciat, le rappelèrent donc à Paris, où
il étudia la statuaire jusqu'à l'âge de vingt ans, sous la direction de M. Valois, membre de l'Institut. A vingt ans, déjà expert
dans son art, léger de bagages, mais fort d'espérance, il se ren-
dait à Besançon pour s'y établir, attiré qu'il était par le sol natal,
et par le voisinage des montagnes, dont il aimait à contempler
les croupes abruptes. En passant à Troyes, le temps nécessaire
au relai de la voiture ne devait pas être absorbé par le déjeuner
de l'artiste : Moynet cassa une croûte, s'en fut visiter la belle
cathédrale de saint Pierre et fit rencontre d'un ornemaniste
nommé Valtat. La cathédrale avait inspiré, à l'âme sympathique
du jeune voyageur, un vif désir de la prendre comme sujet
typique de l'art ogival ; l'ornemaniste avait en commande une
quarantaine de statues qu'il ne pouvait exécuter ; il les fit faire
tout simplement par le statuaire imberbe que lui envoyait la
Providence ; tant et si bien que Léon Moynet se trouva fixé,
pour six mois, par ses travaux et ses goûts, dans la capitale de
la Champagne. C'était le commencement de sa carrière publique
et la décision de son avenir.

On était alors en 1838 et l'art n'était pas en bon point. L'art
religieux n'a d'autre origine que la parole qui, depuis dix-huit
siècles, transforme le monde ; d'autre but que la réalisation de
cette parole ; et le critérium qui le prouve ou le juge, est la
morale qui découle de l'Evangile. Au moyen-âge, la peinture et
la sculpture avaient déroulé l'histoire, exposé la morale et sym-
bolisé le dogme sur le front et sur le manteau de l'Eglise ; on
n'eut pas été reçu à assigner, à l'art, une esthétique qui eut nié
le dogme, la morale et l'histoire. La Renaissance brisa cet ordre
et remplaça l'art hiératique par l'impureté de ses fornications.
Les artistes quittèrent donc le service de la religion et de l'église

pour se mettre au loyer des princes, des banquiers et des four-
nisseurs ; ils humilièrent leur génie au niveau de ces intelligen-
ces et plièrent leur sentiment au goût de ceux qui les payaient.
Au lieu d'être un enseignement social, l'art n'était plus qu'une
flatterie pour les grands, rien pour le peuple ; il n'eut plus
d'autre théâtre que le musée où les salles d'expositions annuel-
les ; plus d'appréciateurs éclairés, mais seulement les admira-
teurs mercenaires, souvent ignares et toujours partiaux, de la
critique professionnelle. Bel effet du triomphe de la bourgeoisie
qui régnait alors dans l'abaissement de ses idées et la mesquine-
rie de ses trafics.

« Les époques sans foi sont des époques sans cœur écrivait
alors l'architecte Piel : il faut leur plaire pour en être prisé, et
pour leur plaire il faut les avilir encore. Mais les chrétiens ne
doivent pas en murmurer seulement et s'endormir dans un coupable silence. L'art est d'origine divine ; cependant c'est le péché de l'homme qui a surtout nécessité les arts pour l'homme.
Depuis sa chute, l'homme rampe à terre ; c'est à la religion à
relever sa tête vers Dieu, c'est à l'art à le soutenir. Après les
prêtres du Seigneur, les artistes sont les coopérateurs les plus
efficaces de la grâce de Jésus-Christ. Les prophètes se taisaient-
ils en présence des Juifs prosternés devant les idoles des hauts-
lieux ? Se taisaient-ils devant Ninive corrompue ? Ne croyons
pas ce mensonge que le génie consiste à refléter une époque, car
il y a eu des époques sans cœur, sans mœurs et sans foi, sans
génie enfin, et alors le génie eut consisté à être sans mœurs,
sans foi, sans cœur et sans génie ! Le génie n'est pas non plus
l'écho vain d'un siècle ; il ne relève pas de la terre, et il ne
prend aux peuples qu'il relève et qu'il pousse que l'instrument
inutile en leurs mains et dont lui fera des chefs-d'œuvre et des
merveilles. Ne croyons donc pas à la fatalité des mauvaises
œuvres dans les mauvais siècles. Quand cela arrive, c'est que
les artistes se sont fait les complices des peuples corrompus qu'ils

venaient ennoblir et purifier. Bâtissons, écrivons, peignons, sculptons donc, pour dessiller les yeux de cette société que le ventre domine ; arrachons-là à la terre, pour l'élever aux beautés du ciel qu'elle oublie ; mais pour cela *il faut nous garantir de la corruption qui la ronge.* (1)

Il se faisait alors peu de choses en art chrétien. Généralement nos artistes étaient clair-semés et jeunes ; ils avaient les ailes trop courtes encore et peu d'union ; ils voltigeaient mais ne volaient pas. Partout il y avait des gens pressés qui fauchaient les blés en vert, impatients qu'ils étaient d'attendre pour moissonner des épis. Tout le monde se hâtait, rien n'était stable. Admire-t-on tranquillement en les étudiant, les splendeurs du ciel, quand la terre tremble ? Aussi faisait-on beaucoup de postiches et bien peu d'œuvres. On s'imaginait un peu trop qu'il suffit d'allonger, d'amaigrir, de briser les corps pour être spirituel et chaste ; on se faisait niais pour être naïf ; on n'étudiait pas assez, parfois même on méprisait la science par un misérable sophisme, qui tend à faire confondre l'ignorance avec la simplicité. La critique était muette sur les œuvres d'église ; ou bien elle radottait, ou, ce qui est pis, elle décochait le sarcasme et lançait l'injure. Il était temps qu'on éclairât ceux qui comprennent et qui aiment, qu'on soutint les faibles, qu'on encourageât les timides. Il était temps surtout de réconcilier le peuple avec l'art.

Tout cela devait commencer, pour notre jeune artiste, dans l'humble presbytère d'un petit village. La Providence, qui l'avait tiré de Paris, où le servilisme classique et l'air ambiant eussent altéré ou énervé son génie, l'avait également arrêté sur la ville de Besançon, ville où il eut rencontré de moindres dangers, mais où il n'eût pu être si heureusement lui-même. Les statues qu'il avait faites à Troyes lui avaient donné, dans le

(1) TEYSSIER, *Notice biographique sur Piel.* p. 274.

2

diocèse, une certaine réputation ; les espérances qu'il inspirait comme statuaire, l'intérêt qu'il se conciliait comme orphelin, son mérite personnel, attirèrent sur lui l'attention de l'abbé Charles, curé de Magny-Fouchard. Cet excellent pasteur était surtout une âme charitable, et quelque peu artiste, il disposait de quelques ressources ; il commanda donc en 1842, pour son église, au jeune Moynet, un beau maître autel. Un maître autel, à vingt-quatre ans, lorsqu'on n'a dressé, d'une main encore tremblante, qu'un petit nombre de statues, c'était l'un des douze travaux d'Hercule ! Heureusement à cet âge plein de force latente et d'espoir toujours présent, on ne se laisse pas rebuter. Enfin, il y avait du travail à l'église, du pain sur la planche du presbytère, l'artiste novice, mais enhardi par les difficultés qui provoquaient son intelligence, vint se fixer sous le toit hospitalier de l'abbé Charles, à Magny-Fouchard.

Nous considérons, comme une des bonnes fortunes de l'éducation artistique, le séjour dans la maison d'un curé :

Si le bonheur parfait habite sur la terre
Il est, n'en doutez pas, l'hôte du presbytère :
Là, chaque jour s'en va, sans regrets, sans désirs,
Dans les mêmes travaux et les mêmes plaisirs. (1)

Ces justes réflexions du poëte sont plus ou moins applicables à tous les hôtes de la maison curiale. L'artiste n'y trouvait pas seulement l'avantage d'être soustrait à tous les périls du cœur et de l'esprit ; il ne pouvait pas seulement sans préjudice pour sa vertu, suivre librement l'essor de son génie ; il trouvait encore, avec l'assurance du lendemain et l'absence de tout souci terrestre, toutes les conditions pour s'élever prudemment et sûrement dans les régions éthérées de l'idéal. Dans le silence et la solitude du presbytère, on a les retours périodiques de la prière et la régularité du travail. Les livres sont là sous la main,

(1) Hippolyte Violeau : *Le livre des enfants et des mères.* p. 272.

les martyrologes, les vies des saints, les grandes collections
hagiographiques. Suivant les caprices de la muse et la nature
des inspirations, vous pouvez faire alterner la vie active et la
vie contemplative. On est isolé, mais on n'est pas seul. Le prêtre
est surtout l'homme de bon conseil, indulgent sans faiblesse,
sévère sans dûreté. Avec lui, on peut causer intelligemment et
librement, résoudre toutes choses après mûr examen, et s'il le
faut, après discussion contradictoire. Et puis, il y a, dans le
voisinage, les confrères qui viennent vous visiter ou qui vous
invitent. En général, ce sont des hommes gais d'humeur, très
bons dans le fond, mais d'un caractère exigeant, souvent difficile ; sur les affaires d'églises, surtout, leur critique est redoutable; soit qu'un instinct sûr les guide, soit qu'une réflexion profonde les éclaire, soit plutôt que l'amour du bien, une vie
pratique, et la grâce d'en haut leur apprennent mieux toutes
choses, les prêtres sont excellents juges, et, qui est passé sans
défaillir par leurs étamines, peut lever tranquillement la tête et
s'avancer avec confiance dans la carrière du travail.

Léon Moynet resta deux années à ce foyer ardent de travail
suivi et de réflexion parallèle : il fit à Magny-Fouchard, un
magnifique autel, où l'inexpérience de l'artiste se voit encore,
mais où l'on voit encore mieux les belles aspirations de son
goût. Les *Annales Archéologiques* de Didron parlèrent de cet
ouvrage, dans un article de deux pages, avec beaucoup de sympathie et d'estime ; l'auteur devait justifier l'estime et surpasser
bientôt les vœux de la savante revue.

En 1844, Léon Moynet venait se fixer à Vendeuvre ; il n'a-
vait pas encore eu le temps de s'y établir, comme on dit, *à che-
villes et à clous*, lorsque le curé de Rouvres, l'abbé Lombardel
(que nous associons dans notre reconnaissance à l'abbé Charles)
vint commander à l'artiste un second autel. Léon Moynet avait
ses modèles, il n'hésita pas un instant, il fit cet autel de Rouvres, à Rouvres même, avec la même flamme de jeunesse, dans

les mêmes conditions favorables et jusqu'en 1848, s'enivraient à des créations qui n'avaient qu'à peine le secret de le nourrir. Pour chaque autel on lui donnait deux mille francs : nous ne constatons pas ce chiffre avec une arrière pensée de critique, ni de regrets ; mais il faut bien dire qu'il y avait, dans un si fidèle travail, à peine de quoi s'entretenir très modestement. L'artiste, sans regret lui-même, dut pourtant établir ses comptes ; il dressa le bilan de son doit et avoir, et assuré que ce travail de décoration monumentale ne lui assurait, ni la poire pour la soif, ni le pain pour les vieux jours, dans un moment de juste fureur, il brisait froidement ses modèles d'autels pour ne pas céder à la tentation d'en construire d'autres. Désormais, il s'adonnait exclusivement à la statuaire, et :

Sous le hangar naissant, travaillait pour la gloire.

De 1848 à 1860, c'est pour l'artiste, l'époque de la vie cachée et solitaire, la période créatrice, l'essai des matériaux, la recherche des types, l'expérience des degrés de cuisson, les travaux de réduction et de reproduction par moulage. Depuis dix-sept ans, la multiplication de ses œuvres, l'extention de ses ateliers et de son commerce l'ont fait entrer de plain pied dans l'histoire.

Nous nous arrêterons à ce point ; nous examinerons tout à l'heure le point de départ de l'artiste, l'évolution de ses idées, les perfectionnements progressifs de son travail. Ici la conclusion qui provisoirement s'impose, c'est que Léon Moynet, comme artiste est l'enfant de l'Eglise, l'élève du sanctuaire, le nourrisson du prêtre ; et s'il doit plus tard, recevoir du clergé, la gloire et la fortune, nous pouvons dire dès maintenant qu'il en a reçu quelque chose de plus précieux encore, l'impulsion juste, le bel élan, la science de l'idéal, je dirais presque la révélation de l'art, si l'art pour celui qui s'y livre n'était pas l'effet d'une vocation plus haute et l'œuvre propre d'une conception personnelle :
Fiunt oratores, nascuntur pœtœ.

II

Une fois bien établi à Vendeuvre, Léon Moynet se consacra exclusivement à l'art religieux. D'où vient cet art ? quelle est sa fonction ? et comment notre artiste sut-il y faire honneur ?

L'homme est un grain de poussière éclairé et vivifié d'en haut. Etre d'un jour, il naît dans les gémissements, vit dans les angoisses, meurt dans les larmes ; toutefois, dans sa misère permanente, une chose le grandit, la vérité ; un sentiment le soutient, l'espérance. Jeté nu sur la terre nue, avec son esprit, il pénètre les cieux ; avec son cœur, il va s'humilier devant le trone de Dieu pour offrir, avec ses adorations, le tribut de ses hommages. Dans cet univers, qui est pour lui, comme un grand temple, il bâtit d'autres sanctuaires mieux assortis à sa petitesse et les décore avec art. Sur une toile, il dessine des traits qu'il relève avec des couleurs et voilà le tableau ; avec un peu d'argile, il modèle des figures, il ajoute aux traits du dessin et à la magie des couleurs, le relief de la forme et la beauté des contours, et voilà la statue. Bientôt, pour donner à ses temples un surcroît de vie, il prend une lyre et chante. L'architecture, la peinture, la statuaire, la poésie, la musique naissent ainsi sous le rayon de la lumière céleste et par l'élan de l'âme ; ils naissent du devoir et du besoin d'adorer Dieu ; par leur naissance, ils ont le sanctuaire pour berceau ; par leur objet, ils le remplissent de beautés ravissantes ; par leur destination, ils remontent jusqu'au ciel. Ce sont les arts de la religion.

Tous ces arts poursuivent la réalisation du beau. On distingue ordinairement trois sortes de beautés : la beauté matérielle, mieux nommée beauté plastique, la beauté intellectuelle et la beauté morale. La beauté matérielle reproduit les belles formes, la beauté intellectuelle exprime les belles idées, la beauté morale exprime les beaux sentiments. Mais, les belles formes, les belles idées, les beaux sentiments nous émeuvent parce qu'ils expriment toujous d'une manière plus ou moins vive, la beauté parfaite. La pureté des lignes, la splendeur des idées, la noblesse des sentiments nous fait entendre et nous montrent, comme dans un miroir, une pureté, une splendeur, une noblesse invisibles et indépendantes. Et quand il n'y aurait sur la terre ni belles formes, ni belles idées, ni beaux sentiments, je veux dire, quand il n'y aurait pas de création, il y aurait encore une pureté, une splendeur, une noblesse, c'est-à-dire une beauté parfaite ; parce qu'il ne se peut pas qu'il n'y ait un être parfait, c'est-à-dire parfaitement beau. Dieu ne serait exprimé dans ce cas que pour son Verbe, et cela suffit pour que toute beauté soit éternellement achevée. Imparfaits que nous sommes, composés de matière et d'esprit, il nous faut des formes matérielles, pour éveiller en nous le goût de la beauté pure ; mais montant pour ainsi dire, sur ces échelons inférieurs, l'âme s'élève et contemple enfin, dans je ne sais quels horizons supérieurs, l'image pure et immatérielle de la Beauté. « Beauté éternelle, dit Platon « (le Banquet), non engendrée et non périssable, exempte de « décadence comme d'accroissement, qui n'est point belle dans « telle partie et laide dans telle autre, belle seulement en tel « temps, en tel lieu, dans tel rapport, belle pour ceux-ci, laide « pour ceux-là, beauté qui n'a point de formes sensibles, un « visage, des mains, rien de corporel, qui n'est pas non plus « telle pensée ou telle science particulière, qui ne réside dans « aucun être différent d'avec lui-même, qui est absolument « identique et invariable par lui-même, de laquelle toutes « les autres beautés participent, de manière cependant que leur « naissance ou leur destruction ne lui apporte ni diminution, ni « accroissement, ni le moindre changement !.... Pour arriver à « cette beauté parfaite il faut commencer par les beautés d'ici- « bas, et, les yeux attachés sur la beauté suprême, s'y élever « sans cesse en passant, pour ainsi dire, par tous les degrés de « l'échelle, d'un seul beau corps à deux, de deux à tous les au-

« tres, des beaux corps aux beaux sentiments, des beaux senti-
« ments aux belles connaissances, jusqu'à ce que de connaissan-
« ces en connaissances on arrive à la connaissance par excellence,
« qui n'a d'autre objet que le beau lui-même et qu'on finisse par
« le connaître tel qu'il est en soi. » Et il ajoute avec une élo-
« quence de plus en plus digne du christianisme : « Ce qui peut
« donner du prix à cette vie, c'est le spectacle de la beauté
« éternelle... Quelle ne serait pas la destinée d'un mortel à qui
« il serait donné de voir face à face, sous sa forme unique, la
« beauté divine. »

Cela ne nous sera pas donné sur la terre ; mais, plus tard,
nous verrons la beauté divine face à face, et « nous savons,
dit saint Jean, que quand elle aura apparu, nous lui serons sem-
blables » tant elle jettera en nous de splendeur et de magnifi-
cence. En attendant, nous cherchons à en saisir quelque chose
dans les œuvres de la nature.

Mais ces œuvres sont loin d'être l'expression pure de la
beauté. Le beau et le laid partout se retrouvent, s'unissent et,
pour ainsi dire, se confondent : mélange de bien et de mal, de
perfection et d'imperfection qui semble ménagé par Dieu pour
exercer notre patience et nous fournir à la fois, et des motifs de
nous élever à lui, et des raisons de ne pas nous attacher à la
créature. L'artiste vient en aide à la nature. Il sait distinguer
les éléments de ce mélange, il reproduit ce qui est beau et néglige ce qui est laid ; il exprime l'un et voile l'autre, et il sent
qu'il n'y a point d'œuvre d'art sans une certaine beauté plastique. Le goût esthétique est si pur qu'il n'admet qu'un mélange
très faible d'imperfection, et que si les sens sont choqués trop
vivement, l'âme ne peut rester assez calme pour jouir du beau.

Dans cette synthèse harmonieuse des arts, Léon Moynet avait
adopté définitivement la statuaire. La statuaire est un art qui
s'associe naturellement à l'architecture, soit pour en compléter
le décor, soit pour en déterminer la signification. Wincklemann

a pensé que l'on modela longtemps en terre avant de rien dessi-
ner sur une surface plane. Chercher à constater par l'histoire,
les manifestations primitives de l'art du sculpteur, ce serait
poursuivre une chimère. La nécessité, mère de l'industrie, et le
goût, père de l'art, amenèrent sans doute l'homme à se façon-
ner des vases et à imiter le relief des objets placés sous ses
yeux. Des matières communes, il passa aux substances qui don-
naient à ses ouvrages, des garanties de durée et de solidité.
Pour les types à reproduire, il dût s'arrêter de bonne heure sur
ceux qui l'intéressaient d'avantage au point de vue des affecta-
tions morales comme à celui de l'utilité matérielle, et consé-
quemment, il ébaucha bientôt la statue.

Pour la statuaire, Léon Moynet adopta, comme moyen de
reproduction, la terre. L'argile est une matière bien infirme, et
certainement lorsqu'on peut prendre des matières plus solides
et plus durables, on doit les préférer, soit parce que pour les
offrir à Dieu, c'est un tribut plus digne ; soit parce que des ouvrages plus résistants gardent plus longtemps leur beauté pri-
mitive. On comprend dès lors que nous estimons peu ou point
du tout surtout pour les églises, les moulages en plâtre, les
cartons-pierres les zincs bronzés et autres compositions analogues. C'est trop mesquin dans les formes d'un travail trop expé-
ditif. La terre cuite, au contraire, convient parfaitement, spécialement pour les églises *pauvres*. L'argile, il est vrai, est une
matière commune, mais ce n'est pas une matière *fausse*, c'est
une terre *franche*. Le divin statuaire a fait d'argile la première
statue, le corps de l'homme ; on retrouve la terre cuite dans les
plus solides monuments de l'art ancien ; et, jusqu'à nos jours,
les plus célèbres statuaires ont *ennobli* la terre en l'employant
pour modeler leurs chefs-d'œuvre. Il suffit de nommer Luca
della Robbia pour dire la beauté et les qualités excellentes dont
l'argile peut se revêtir sous la main du génie. Le Louvre
a quelques bas reliefs de ce grand homme ; c'est en Tos-

cane, et surtout à Florence qu'on peut admirer ses ouvrages. (1)

Il n'est pas, au surplus de matière plus facile à travailler
que l'argile ; il n'est pas de matière plus apte à recevoir les im-
pressions de la pensée et le travail de la main. Le maître moule
sa pâte avec l'entrain de l'inspiration. Ce qu'il voit des yeux de
l'esprit et ce qu'il fait de son doigt est en parfaite correspon-
dance. Avec une cuisson bien entendue, l'argile si molle par
elle-même, si facile à dessécher et à ramener à l'état de poussière, reçoit une dureté qui résiste aux coups du temps. De plus,
l'argile, grâce à la facilité de reproduction, se prête à toutes les
exigences du bon marché. Les autres matières d'art ne réalisent
pas, à beaucoup près, tous ces mérites. Les métaux précieux ne
sont point abordables à nos modiques ressources ; les plus communs s'oxident ; le travail de la pierre est dispendieux, très
dispendieux, quand il s'agit de le pousser à la perfection qu'on
obtient si facilement de l'argile ; le bois, plus facile à sculpter
que la pierre, reste encore à des prix élevés et prête trop aux
morsures du ver ; quant aux autres matières, outre qu'elles
sont fausses ou viles, elles n'ont pas cette durée séculaire
qu'exige le culte public. Une seule matière peut traverser les
âges, porter aux générations futures, le souvenir de nos modes-
tes vertus et l'image de nos grands saints ; c'est la terre cuite,
matière moins précieuse, mais aussi solide et aux emplois plus
variés que le marbre. Aussi la retrouvons-nous dans les ruines
de l'antique Chaldée et de la grasse Egypte, dans les constructions des Juifs et dans les ruines de Pompéï ; et les musées, té-
moin le musée Campana, nous montrent la terre façonnée, suffi-
sant aux exigences des plus solides constructions et aux plus
fines délicatesses de l'art.

L'argile admise comme matière artistique, à quel usage la

---

(1) L'abbé GODARD, *Cours d'archéologie sacrée*, tome II. p. 30 et 583.

consacrer ? Léon Moynet avait ici trois voies possibles : l'art
païen avec ses débauches, l'art *réaliste* avec ses charges et ses
caricatures ; l'art *chrétien* avec les saints de son paradis.

L'art païen visait à la corruption de la femme et, par la
femme corrompue, il amenait la corruption de l'homme, l'abaissement de la famille, la destruction de la société. Pour procurer
ce vil résultat, il n'avait qu'un thème, l'excitation à la débauche ;
c'est un crime prévu dans le code pénal de tous les peuples
chrétiens ; c'est à peu près et en dernière analyse, la seule
vertu de l'art antique. Tout ce qui pousse à la satisfaction de la
chair, tout ce qui la produit est, à ses yeux, le beau idéal : il
exhibe ses Vénus, ses Léda, ses Europe ; il descend jusqu'aux
soubresauts impurs de Pan, jusqu'à la fièvre érotique d'Erigone,
jusqu'aux délices de Pasiphaé, jusqu'à l'hermaphrodite. La
luxure éhontée et la débauche stérile, voilà son terme. On tremble à l'idée de ce que serait devenu le monde, portant l'amulette
sacrée et passant du venereum au lupanar. Le Verbe fait chair
sauva cette chair corrompue, mais il ne la sauva qu'en la crucifiant. A l'idéal dégradant du sensualisme, il substitua l'idéal ascentionnel de l'Evangile. Dans une femme chrétienne, le beau
ne peut plus être compris que relativement à la noble condition
que lui a faite la sainte loi du Christ. En naissant d'une Vierge,
Jésus a relevé toutes les filles d'Eve humiliées par le péché ; il
leur a permis d'aimer autant que d'être aimées, et, comme conséquence, il a sanctifié, dans un sacrement, leur volonté et leur
amour, comme l'amour et la volonté de l'homme. Le mariage
est saint ; la stérilité n'est plus un scandale, pourvu qu'elle
s'allie à la vertu ; la virginité est un honneur ; la plus grande
gloire de la chair, c'est la transfiguration par le sacrifice : son
Thabor, c'est le Calvaire.

Malgré ces vérités certaines, combien d'artistes parmi nous
ont soulevé le sein de la Vierge, matérialisé les anges sous la
forme d'amours, ou racourci leurs ailes pour les empêcher de

monter jusqu'à Dieu. Combien surtout n'ont voulu que sculpter des Hercule ou des Jupiter, des Cybèle et des Vénus ! En dépit des défaillances de l'art et des faveurs de la mode, Léon Moynet, il faut le dire à sa louange, n'a jamais fait à l'art païen, le moindre emprunt, la moindre concession. Pour lui l'art païen, c'est l'art infâme : son ciseau est vierge d'impureté.

Comme l'art païen voulait dégrader la femme, l'art *réaliste* veut dégrader l'homme. L'objet de l'art dans la représentation de la nature humaine n'est pas de la reproduire dans sa réalité absolue. Il faut distinguer, ici, deux choses : le réel, c'est ce que nous sommes à un moment donné ; l'idéal, c'est ce que nous devons poursuivre pour remplir notre destinée. L'homme, cet être *ondoyant et divers*, ne reste jamais dans le même état. Sous l'inspiration permanente de ses grands désirs, il aspire sans cesse à atteindre, par son activité, des buts sublimes, mais laissé à l'infirmité de ses ressources, il n'accomplit le plus souvent que des œuvres sans proportion avec ses desseins. Ce qu'il voulait était grand, ce qu'il fait est petit. Ainsi le réel dans l'homme, c'est une créature entraînée par de tristes passions, faible au milieu de leurs emportements, souvent débordée, malgré ses efforts et ses résistances, souvent trahie même par sa bonne volonté. L'idéal, c'est cet homme parfait que nous rêvons tous, que nous voulons tous être, malgré la perfection à peu près irréalisable de ses vertus. Il n'y a donc dans l'homme, pour l'art, de réel que l'idéal. L'art contemple l'homme dans son essor vers la lumière et représente sa nature dans un mouvement continu de transfiguration. Même les types vulgaires, même les types bas, il les enveloppe d'une brillante atmosphère. C'est la nature, oui, c'est plus et mieux que la nature. L'esprit qui l'observe dans cette élévation idéale de l'art, s'inspire à son tour des inspirations de l'artiste, et en ce sens, l'art est vraiment un sacerdoce.

En dépit de ces principes, il y a un art que nous appellerons,

faute d'une meilleure expression, l'art *réaliste*, sans que cette qualification entraine, dans notre esprit, l'art honteux, tel que l'entendent les sectaires du positivisme. Cet art ne nie pas l'idéal, il le néglige. Son but est de prendre la nature, comme on dit, *sur le fait*, de la représenter dans l'exactitude parfaite de sa physionomie *extérieure*, sans prétendre à un autre mérite que l'exactitude. La difficulté à vaincre, par la représentation plastique, est le dernier terme de son ambition et la difficulté vaincue, le plus beau titre de son triomphe.

Or, il n'est que trop vrai, dans l'humanité, beaucoup d'hommes subissent ou acceptent une vie de désordre cynique ; un plus grand nombre, par faiblesse de cœur, tombent simplement dans le vice masqué par l'hypocrisie ; d'autres enfin, par faiblesse d'esprit, se laissent aller à tous les travers du ridicule. Les travers et les vices se rencontrent plus ou moins partout ; les types de bassesse morale, qui font orgueil de leur ignominie, rares dans les campagnes, pullulent dans certains quartiers des grandes villes. A Paris, malgré l'ouverture des boulevards et le percement des quartiers infâmes, on voit encore le chiffonnier ivre dormant sous sa hotte, et sans doute qu'on n'oubliera pas de si tôt la rue de la Calendre et l'auberge du Lapin blanc.

Puisqu'il y a des hommes ridicules ou vils, l'art réaliste peut se passer la fantaisie d'en reproduire les traits. S'il suit dans cette tentative, la vérité exacte ; s'il groupe heureusement les traits honteux de ses modèles ; s'il laisse à la fange sa particulière physionomie, il peut, à ce travail, déployer son talent. Callot y a montré du génie et conquis même l'immortalité.

Léon Moynet avec son esprit ouvert, son œil attentif, son âme délicate dut avoir souvent la tentation de représenter les héros de la guinguette et du vin bleu. Un couple en joie ou en ivresse, le quart d'heure de Rabelais, les chiffonniers en bel humeur, la charité s'il vous plait, les ravageurs, la ravaudeuse, le contrebandier, le financier, le docteur allemand, monsieur et madame Potichon, l'avare, mille et dix mille autres types de l'imbécilité humaine vinrent souvent solliciter son embauchoir.

Je vois tourbillonner autour de lui un essaim de fous absurdes ou abominables qui agitent les grelots ou manient le fouet. Au fond tous ces êtres sont parfaitement ignobles ; dans la forme on ne peut contester que chaque sujet soit bien pris dans sa réalité brutale, ordonné avec une ressemblance absolue, exécuté avec une véritable finesse d'esprit. Nous n'avons jamais rencontré des gens de cette sorte, mais nous pensons qu'ils doivent être tels. Ces chapeaux sont bossués à point, ces idées de cravates ont le nœud joliment assorti, ces chemises ne laissent rien à désirer pour le débraillé, ces gilets manquent du nombre voulu de boutons, et ces pantalons, raccommodés sur les genoux, tombent on ne peut mieux, avec leurs déchirures, sur d'abominables savates à claire-voie. Les verres, les pipes, le brûle-gueule, les hottes, les fusils, les mouchoirs de poche sont à l'avenant. Et puis quelles figures ! Ceux-ci marchent crânement et ont l'air de dire : « On peut mépriser souverainement l'espèce humaine, mais cracher sur les vendanges, jamais ! » Ces deux-là ne tiennent plus sur leurs hanches et leurs jambes, qui chambollent, les menacent d'une fluxion de pavé. Cette femme se mouche très proprement dans ses doigts. Cet homme montre adroitement ses petits yeux, ses dents avariées, son verre triomphant ; il chante la gaudriole. L'ivrogne qui va payer son piqueton, allonge lentement la jambe, insinue sa grosse main dans la poche au boursicot, tandis que la maîtresse du cabaret s'incline avec un nez interrogateur, et que la petite fille de la maison se cache, — sans trop se cacher vraiment — derrière un pan de son tablier. Voyez-vous ce contrebandier qui serre le ballot et cet autre qui amorce son vieux fusil à pierre. Léon Moynet eut possédé sans grand effort, un vrai talent pour peindre ces héros de la gouappe. Son esprit parisien eut eu, de leurs misères, non pas le sentiment, mais le ressouvenir ou l'intuition.

Sa main habile les eut burinées avec une légèreté facile et heureuse ; son doigt eut ajouté, à leur pose, le petit coup de pouce, cette chiquenaude narquoise qui est le dernier fin du genre. Pour l'un de ses voyoux, il eut poussé l'attention jusqu'à mettre une pièce à sa culotte et à la ravauder avec une fine aiguille. Un grand fond de délicatesse défendit l'artiste contre la tentation de s'adonner aux figurines satiriques. Une fois seulement il céda, comme pour montrer ce qu'il pouvait faire, et posant d'un côté, la cocotte de dix-huit ans, de l'autre la chiffonnière de soixante ans, il montra dans un petit chef-d'œuvre, la solidarité du vice et de la misère. — Mais une fois, dit le proverbe n'est pas coutume.

Léon Moynet, à l'heure solennelle où il décida, librement, de lui-même, se consacra donc absolument à l'art chrétien. Expression de la beauté idéale sous une forme créée, l'art a pour objet direct et immédiat, le beau, c'est-à-dire la splendeur du vrai et du juste ; et considéré en lui-même dans son acte propre et constitutif, l'art se révèle à nous comme une création humaine faite à la ressemblance des créations divines. La fonction de l'art, ce n'est pas comme on l'a trop dit, *l'art pour l'art;* non, la fonction de l'art, c'est de glorifier Dieu et de perfectionner la vie humaine en la rapprochant de son idéal qui est Dieu même ; c'est d'élever les hommes en les attirant vers les hauteurs ; c'est d'imprimer à l'humanité, par un mouvement de bas en haut, une direction ascensionnelle et une marche progressive. (1) Or, l'art trouve dans le Christianisme, les éléments les plus favorables à son heureux développement ; il trouve dans la foi chrétienne, sa base la plus ferme ; dans l'espérance chrétienne, son ascension la plus sublime ; dans l'amour chrétien, son res-

---

1. LE P. FÉLIX, *l'Art devant le Christianisme,* passim.

sort le plus puissant ; dans la sainteté chrétienne, ses types les plus beaux ; et, dans le culte chrétien, son théâtre le plus éclatant. Pour le statuaire, en particulier, quel catalogue d'avenir, quels types admirables ne lui offrent pas les litanies de Jésus, de la Vierge et des Saints ! Léon Moynet voulut les chanter, ces litanies, avec des statues : c'était sa mission providentielle, ce fut son choix, ce sera son œuvre. Enfant de l'Eglise il se voue à la décoration de l'Eglise ; élève du sanctuaire, il se voue à l'embellissement du sanctuaire ; nourrisson du prêtre, tandis que le prêtre prêchera avec des paroles, il prêchera, lui, artiste, par des images pieuses et parlant à des populations qui comprennent mieux les choses sous les formes sensibles que sous les formes métaphysiques, qui vont à la vérité surtout par la sympathie, et à la vertu plus par l'entraînement que par le sacrifice, il se donnera, par l'art, un rôle d'apôtre.

Nous voyons que Léon Moynet est fidèle à lui-même, fidèle à ses commencements et à la vocation de la Providence.

Pour mieux nous rendre compte de cette vocation, ajoutons quelques mots sur les exigences spéciales de l'art chrétien.

D'abord la religion étant la chose la plus sublime qui soit au monde, l'artiste religieux doit éviter avant tout ce qui pourrait la rabaisser, je veux dire : le vulgaire et le trivial. Ce qui serait un défaut chez d'autres, serait chez lui une inconvenance. Nous pouvons, sans grand mal, rester indifférents devant une œuvre profane, nous ne devons jamais être froissés devant une œuvre religieuse. D'ailleurs les moindres scènes de la vie chrétienne sont ennoblies et embellies par le sentiment divin qui les inspire, et ce sentiment, qui doit être reproduit dans les œuvres d'art, est souvent difficile à exprimer. Une grande beauté de forme peut seule faire absoudre l'artiste qui ne pourrait le rendre qu'imparfaitement.

A la beauté, l'artiste chrétien doit joindre une sorte de délicatesse pudique. La religion chrétienne a fait germer partout sur la terre la virginité, cette fleur si pure et si belle, mais si fragile, que le moindre souffle peut la flétrir. L'artiste chrétien doit compter avec ce sentiment délicat de la pudeur virginale. Ses œuvres doivent parer nos églises ouvertes aux fidèles de tout âge ; elles doivent charmer tous les regards et n'en blesser aucun. Cela peut gêner l'artiste ; mais aussi, s'il est fidèle à surveiller sa main, quelle grâce angélique se répand dans ses œuvres ! Quelle suavité céleste les embellit ! Et comme la beauté chrétienne devient vite le caractère distinctif de ses travaux !

Enfin, à la beauté des formes, à la pureté chrétienne, il doit unir une douceur et une paix invariables, qui écartent systématiquement de son œuvre les effets tourmentés. Même dans les sujets terribles, il faut que le sentiment soit par derrière l'œuvre, si je puis parler ainsi, bien plus que dans l'œuvre elle-même. En effet, rien n'est forcé dans la religion. La puissance infinie de Dieu qui domine le monde, imprime sur toutes choses comme le sceau de son éternelle tranquillité. La miséricorde divine place les bienheureux dans un repos sans fin ; la justice punit ceux qu'elle condamne, en les fixant dans l'immobilité des peines. Sur la terre même, l'amour mène au calme de l'extase, et la souffrance conduit le Christ au Calvaire, avec une résignation si tranquille, que sa divinité même y apparait, et qu'on entend dire : « Celui-là était vraiment le Fils de Dieu. » C'est à ces hauteurs sereines que l'artiste chrétien doit monter, c'est dans ces sphères qu'il doit vivre et contempler les immortelles beautés que reproduira plus tard le pinceau ou le ciseau guidé par sa sublime inspiration.

Qu'il me serait doux maintenant de montrer les qualités de cœur d'un artiste vraiment chrétien ! Que j'aimerais à parler de cette foi vive évoquant du Ciel, avec leur beauté ravissante, ces légions de bienheureux ; de cet amour ardent qui fait vivre l'artiste chrétien dans la familiarité, j'allais dire, dans la famille de Joseph, de Marie, de Jésus ! Quelle pureté de conscience ne faut-il pas pour converser sans cesse et sans trouble avec ces divins personnages ! Quelle charité pour reproduire les traits de Jésus ! Quelle beauté d'âme pour concevoir le type sacré de la Vierge ! Quelle tendresse de cœur pour exprimer les paternelles sollicitudes de Joseph ! Ah ! ce serait un tableau ravissant ! (1)

On comprendra que je ne puis le tracer ici.

III

Mais ici se pose la grande, la terrible question : Pour remplir par la statuaire, un rôle apostolique, il faut créer des types, sculpter des modèles, faire jaillir de son esprit et de son cœur, une légion d'anges et de saints. *Hic opus, hic labor est.*

Instruire, édifier : tel est le devoir du chrétien dans toutes les professions et dans toutes les sphères de la vie. La plume des docteurs, les livres du prédicateur, le pinceau et le ciseau de l'artiste doivent retracer les mêmes enseignements : la source divine coule pour tous en parfaite abondance ; tous les maîtres doivent, par des voies différentes, noblement y conduire.

L'iconographie est la partie de la science chrétienne qui traite des images : elle expose les règles à suivre dans la représentation des sujets religieux par les arts du dessin, et elle explique le sens des images qui ont besoin d'une particulière interprétation. Or l'infinie sagesse, parlant par la voie du Concile de Trente, a condamné les images donnant du dogme une idée fausse et capable d'induire les simples dans une erreur dangereuse ; elle a prescrit d'expulser toute superstition du culte des images, de ne pas les peindre ni les orner avec une beauté provocante et de n'en admettre aucune d'insolite sans l'autorisation de l'évêque.

A ces réserves près, et l'on voit qu'elles sont nécessaires,

1. Cf. REVUE D'ANJOU. *Quelques mots sur l'art religieux* par M. l'abbé Gillet, p. 8.

non-seulement l'Eglise ne gêne pas la liberté de l'art, mais elle offre, aux artistes, le plus vaste champ d'exploration. Les images ne sont-elles pas, suivant la belle expression des Grecs, une écriture vivante, *Dzographia* ? Lorsque les manuscrits étaient rares et coûteux, et que le peuple ne lisait pas, l'Eglise a fait, en faveur des ignorants surtout, ces sculptures, ces peintures animées des murailles et des vitraux, livres magnifiques où il était facile à tous d'apprendre l'histoire sainte et le catéchisme. Les images ne sont pas inutiles au savant : elles lui rappellent une pensée religieuse et peuvent agir aussi vivement sur le cœur du lettré que sur celui de l'homme sans instruction. Cette vérité éclate dans toute sa force à la contemplation des chefs-d'œuvre de l'art, ou même de leurs copies plus ou moins pâles : que de fois la vue d'un Fra-Angelico, d'un Michel-Ange, d'un Raphaël ne nous a-t-elle pas ému aussi puissamment qu'un chef-d'œuvre d'éloquence. L'expérience confirme ce qu'il y a de vrai en général dans la parole du poète :

Segnius irritant animos demissa per aurem
Quam quæ sunt oculis subjecta fidelibus...

Dans le sentiment élevé de sa mission, Léon Moynet s'était imposé comme tâche personnelle, de représenter par la statuaire en terre cuite, les saintes images de Jésus-Christ, de la Vierge, des Anges et des Saints. Une tradition iconographique de dix-huit siècles lui offrait les types les plus variés. Le XI° siècle présentait deux types très-distincts, l'un court et rond, mais aussi dépourvu de noblesse que de beauté ; l'autre reconnaissable aux proportions géométriques des figures, aux plis comptés et parallèles des draperies, aux tuniques et aux manteaux bordés de perles et de galons. Au XII° siècle, il voyait un nouveau type caractérisé par l'élancement des formes, l'expression grave et religieuse de la figure, la beauté souvent exquise et la parfaite tranquillité de la physionomie, le parallélisme exact des plis pressés dont les statues sont en quelque sorte emmaillotées, la fidélité et le fini consciencieux des moindres détails. Au XIII⁰ siècle, la statuaire progressait en agrandissant le champ de la composition, en se dégageant des liens d'une tradition trop resserrée dans le choix et l'exécution des sujets, en perfectionnant les statues sous le rapport de l'imitation. Au XIV⁰ siècle, l'ordonnance symétrique des sculptures est moins harmonieuse, le symbolisme domine moins les conceptions positives, les plis des draperies perdent quelque chose de leur largeur, et le corps, de son organisation puissante. Au XV⁰ siècle, la statuaire, arrachée aux grands mouvements, se rapetisse ; elle cultive encore la figurine avec adresse et naïveté ; mais les compositions sont moins sérieuses et l'arbitraire succède aux lois de l'iconographie. A partir du XVI⁰ siècle, le sculpteur imite ou copie la nature et l'antique ; traite le nu ; transforme à sa guise, les anges en cupidons, les saints en sénateurs romains ou en athlètes, les saintes en femmes vulgaires, la charité en nourrice, peu décente : en un mot, le caprice individuel et libre remplace les anciennes traditions.

En présence de cette tradition iconographique, Léon Moynet eut pu faire d'heureux choix et se borner à d'habiles reproductions. Au lieu d'être imitateur ou disciple, il voulut rester lui-même ; il accepta la tradition des icônes comme un sujet d'étude, mais rien de plus ; et en admettant les principes admis par tous les artistes chrétiens, il voulut en faire l'application aux besoins de son temps et au goût de son pays. L'originalité, voilà le premier caractère de ses types.

En voulant rester lui-même, Léon Moynet n'entendait pas tirer tout de son sein comme l'araignée ; il voulait plutôt, à l'exemple de l'abeille, pour composer son miel, puiser dans le calice de mille fleurs. Comme l'image pieuse est d'abord souvenir historique, puis type traditionnel, l'artiste voulut étudier dans l'histoire, la légende des saints, et, dans les classiques de la sculpture, rechercher leurs fidèles représentations. Ainsi le flamand Surius, l'italien Lippomani, l'espagnol Ribadéneira, le français Giry, surtout Mabillon et les grands Bollandistes, lui offrirent, sur les vies des saints, le dernier mot de la science. Au fur et à mesure que l'érudition contemporaine illustrait les œuvres des âges anciens, Léon Moynet suivait la trace de ses progrès : Daras, Guérin, Collin de Plancy, Montalembert, Chavin de Malan, Voigt et vingt autres, passaient par ses mains savantes, et déjà sur le retour, lorsqu'il eut pu jouir tranquillement de ses travaux, il voulut qu'un ami plus libre que lui de s'appliquer aux lettres, le tint au courant de l'hagiologie. En même temps il consultait le *Schedula* du moine Théophile, la *Légende dorée* de Jacques de Voragine, le *Codex* de Fabricius, l'*Histoire des saintes images* de Molanus, les *Antiquités chrétiennes* de Selvaggio et Ciampini, l'*Iconographie chrétienne* de Crosnier, le *Dictionnaire iconographique* de Guénébault, les *Études céramiques* de Ziégler, les savantes publications des Didron, des Martin, des Cahier, des Violet-Le-Duc.....

Qui depuis... mais alors il était vertueux.

Ainsi éclairé par l'histoire de l'art, Léon Moynet choisissait un saint et cherchait, par la méditation, à s'en représenter, dans l'esprit, le type idéal. Ce type une fois admis, l'œil fixé sur sa beauté invisible, il prenait l'argile et dressait sa statue. Par le travail du modelage, il s'efforçait de concréter, dans cette statue, les beautés *inarrivables* de son type; mais s'il savait que l'argile ne peut reproduire absolument les beautés que conçoit l'esprit, il savait encore mieux qu'il peut en approcher, et que c'est le devoir, comme l'honneur de l'artiste, de combler l'abîme qui sépare sa main de son esprit. On devine sans que je l'explique, combien ce travail coûta d'efforts à Léon Moynet. Entre l'argile et l'artiste s'était établi, sous le hangar solitaire, une espèce de duel permanent. Le grain de poussière semblait dire : « Je te résisterai par mon inertie et jamais, par ton esprit, tu ne vaincras les résistances de ma nature. » L'artiste lui répondait : « Tu es mon esclave, je te contraindrai à me servir d'instrument, je te pétrirai, jusqu'à ce que j'aie vaincu ta ténébreuse nature et forcé tes atômes à servir de véhicule à ma lumière. »

Léon Moynet, auteur de tous ses modèles, a produit environ mille types. Chaque type de saint a été, de sa part, depuis trente-cinq ans, l'objet d'une lente élaboration. Par l'étude incessante des vies des saints, de l'iconographie et de l'art céramique, par sa propre réflexion et par des informations multipliées, il change, modifie, améliore, encore aujourd'hui, chaque type, pour tendre toujours à une perfection dont il peut s'approcher toujours, sans jamais l'atteindre. Mais lorsqu'un sujet se dérobe, par son ingratitude, aux efforts de l'artiste ; lorsqu'une statue n'arrive pas à la perfection où veut la porter son auteur, Léon Moynet ne se prend point pour un Narcisse et ne s'amuse pas à admirer *quand même* ce qui n'est point admirable. Sans plus de façon, il prend un marteau et brise l'objet réfractaire à ses désirs. De statues ainsi brisées, soit parce que l'artiste désespérait de les amener à point, soit parce qu'il les avait effacées par de meilleurs modèles, on aurait assez de débris pour drainer un héritage.

Quelques critiques hargneux ont fait, aux statues de Léon Moynet un reproche, c'est que la rotondité de leurs formes atteste un usage fréquent des organes de la mastication. Ce reproche est sans ombre de raison. Les saints sont représentés suivant l'âge, le sexe, la condition et les circonstances, tantôt en chairs pleines, tantôt en chairs moyennes, tantôt avec la maigreur ascétique. En général, ils sont doux et calmes ; le statuaire a ménagé discrètement l'expression ; il évite les contorsions, les tiraillements et même les simples tensions ; il ne veut produire son effet qu'aux moindres frais et simplement en éveillant la réflexion ou en sollicitant la sympathie. Je ne vois,

est-il besoin de le dire, parmi ses saints, aucun personnage,
non-seulement avec la bedaine de Sancho Pança ou la trogne de
Falstaf, mais seulement avec l'abdomen bourgeois ou la graisse
qui s'impose, au retour d'âge, à tous ceux qui se portent bien.
Je trouve, au contraire, dans ce soin d'éviter les extrêmes, une
application des maximes d'un critique célèbre : « Le maître, dit
Lessing, le maître voulait représenter le plus haut degré de la
beauté, avec la donnée accidentelle de la douleur physique.
Celle-ci, dans toute sa violence, arrivant à la contorsion, ne
pouvait s'allier avec celle-là. L'artiste était donc obligé de l'a-
moindrir, d'adoucir le cri jusqu'au soupir ; non pas parce que
l'action de crier indique une âme basse, mais parce qu'elle donne
au visage un aspect repoussant. Qu'on ouvre violemment la
bouche du Laocoon, qu'on le fasse crier et l'on verra. C'était
une image qui inspirait la compassion, parce qu'elle montrait
en même temps la beauté et la douleur ; maintenant c'est une
image hideuse dont on est disposé à détourner le regard. »

C'est donc une impérieuse nécessité pour l'artiste, d'éviter
tout ce qui peut choquer les sens, et il ne saurait impunément
négliger les longues études qui le mettront à même de satisfaire
toujours à cette obligation. C'est seulement alors qu'il s'est
rendu sûr de son *métier*, qu'il peut songer à réaliser l'idéal dont
son âme est charmée.

Toutefois il faut être juste, tout défaut de forme plastique
n'est pas un défaut d'art. Il se peut même que ce soit l'œuvre
de l'art. Qui oserait dire, par exemple, que le gonflement des
narines, dont parle Winckelman, étudiant l'Apollon du Belvé-
dère, produit une beauté plastique plus grande dans ce superbe
visage ? N'est-ce pas plutôt une légère déviation dans la pureté
des lignes ? Et pourtant qui n'admirerait ce coup de maître de
l'artiste ? Le mouvement d'indignation marqué par ce gonflement, trop faible pour troubler le calme du dieu, sûr de sa victoire, n'est-il pas l'image admirable de cette supériorité marquée

dont il est fier ? Je dis plus. Il peut se présenter certains cas, et nous aurons peut-être occasion de le constater, où le véritable artiste ne pouvant donner l'expression qu'il rêve à la forme la plus parfaite, préférera conserver la première au détriment de la seconde. Et qui oserait l'en blâmer, pourvu, bien entendu que l'imperfection de la forme n'aille pas jusqu'à blesser le regard ? Une forme commune, mais expressive, n'est-elle pas cent fois plus belle qu'une forme parfaite sans expression ?

On a reproché aussi aux statues de Léon Moynet, d'être belles. Eh bien, après ? Si ces statues sont belles, c'est qu'elles sont fidèles. Que nous, pauvres hommes, dans cette vallée de larmes, avec nos chairs dévorées par la flamme de la vie, notre sang brûlé par le travail, nos os humiliés par nos prévarications, nous puissions devenir laids dans la proportion même de nos défauts ou de nos excès, cela se comprend. Notre loi, sans doute, c'est l'accroissement continuel en grâce et en lumière, c'est-à-dire en beauté, résumé vivant de la lumière et de la grâce ; cependant nous pouvons déroger à cette loi et, dans la laideur, trouver un premier châtiment. Mais, pour les saints, parvenus victorieux au terme de l'épreuve, ils sont constitués en beauté fixe et ne peuvent plus déchoir. Mais qu'on entende ici un conférencier de Notre-Dame :

« Qui ne comprend, demande le P. Félix, la puissance de ce grand fait de la sainteté chrétienne pour élever l'art, les artistes et leurs œuvres ? Devant ce spectacle de la beauté humaine reproduisant la beauté du Christ, l'artiste peut unir dans ses œuvres ces deux choses qui conspirent à rendre ses œuvres parfaites, *la plus grande sincérité dans l'expression de la plus grande beauté.* Pour que l'art soit grand, il faut qu'il soit, avant tout, l'expression de l'art. Mais pour que l'expression des âmes fasse resplendir la beauté, il faut que les âmes soient belles. Eh bien ! ces âmes des saints sont belles ; elles sont belles de la beauté du Christ, idéal de l'humanité ; donc belles de toute la beauté humaine embellie par le reflet de la beauté divine. Viens, maintenant, mon frère l'artiste ; montre au soleil la clarté qui jaillit de ces âmes choisies ; et tes œuvres seront belles parce que ces âmes sont belles ; grandes parce que ces âmes sont grandes. Tu n'as pas à craindre à ta sincérité ce qui tue le génie, l'expression de la laideur ; car tu es en face de la plus grande beauté : il te suffit de la voir, de la contempler, de la peindre telle que tu la vois, en y jetant ce reflet de beauté infinie qu'on découvre par de là toute beauté qui n'est pas la beauté de Dieu même.

« Mais, remarquez-le bien, l'influence de la sainteté chrétienne ne se borne pas à rehausser dans l'humanité l'image de la beauté morale ; elle y a rehaussé et perfectionné aussi le type de la beauté physique. En se posant au centre de la vie, la lumière supérieure de la beauté morale a éclaté sur la physionomie de l'homme : la beauté de l'esprit a rejailli sur la beauté du cœur. En arrachant l'âme à la dépravation morale, le christianisme a peu à peu arraché les corps à la dégradation physique. En faisant prévaloir, par la pratique de toutes les vertus chrétiennes, l'esprit sur la chair, il a fait remonter l'homme, autant qu'il est possible à l'humaine infirmité, vers le type plus ou moins effacé de sa grandeur et de sa beauté première. L'homme, en un mot, a rehaussé moralement son contact avec le Christ, a relevé avec son âme son corps, et surtout son visage. Le corps, plus emporté dans le mouvement de l'âme, est devenu, si je puis le dire, plus léger, plus ascendant ; même dans son corps on sent qu'il est esprit, comme on a dit de l'oiseau :

Et même quand il marche, on sent qu'il a des ailes.

« Et tandis que le corps est devenu moins lourd et plus spirituel, le visage, ah ! le visage surtout a subi sa merveilleuse transfiguration : il est devenu plus haut, plus lumineux, plus transparent, en un mot plus beau.

« Les voyez-vous d'ici, ces visages des saints, vivants miroirs où se réfléchit l'image de Jésus-Christ ? Les voyez-vous portant les signes éclatants de toutes les vertus produites dans leur âme par la puissance de son amour ? L'humilité, la pureté, la charité, la douceur, la force, la bonté, la générosité, l'abnégation, le sacrifice, la magnanimité ; toutes ces vertus, émanées de l'amour qui est dans leur cœur, éclairent leur visage d'une incomparable lumière; et, comme autant de rayons tombés sur leur front du visage de Jésus-Christ, ils composent par leur mélange une physionomie vraiment à part, un type de beauté humaine que les artistes de Rome et de la Grèce antique ne pouvaient reproduire dans leurs œuvres, parce qu'ils ne l'avaient jamais rencontré sous leurs regards ; physionomie vraiment nouvelle, que j'appelle, pour la bien nommer, la physionomie chrétienne. Quelles figures d'hommes et de femmes, de riches et de pauvres, d'ouvriers et de princes, d'apôtres et de martyrs, de vierges et d'anachorètes, de moines et de cénobites! Et dans ces figures, quelle ineffable harmonie de douceur et de force, de grandeur et de bonté, de majesté et de suavité, de dignité et de simplicité! Et ces visages empreints d'une telle beauté, ils brillent dans notre histoire plus nombreux que les étoiles dans le ciel ; et comme une immense galerie de chefs-d'œuvre, ils attirent de siècle en siècle le regard et le cœur des véritables artistes » (1).

Les saints de Léon Moynet sont d'ailleurs conformes aux exigences de la physiologie, de l'esthétique et du symbolisme : nous aurons occasion d'en parler plus tard.

VI

J'ouvre ici une parenthèse pour étudier les procédés de reproduction et de décoration de la statuaire en terre cuite. Nous quittons les champs de l'art pur pour descendre sur le terrain, d'ailleurs solide, de l'art industriel. L'industrie, vient, ici, en

(1) Le P. Félix, *L'art dans le Christianisme.* p. 278.

effet, au secours de l'art. Si le statuaire était réduit aux ressources de son petit outil et de son savoir, il ne pourrait achever qu'un nombre relativement restreint de statues ; il pourrait travailler pour les grands seuls, avec plus de gloire et de profit peut-être, mais il ne serait point un représentant de l'art populaire. L'homme qui veut peupler les sanctuaires et parler aux masses, est obligé d'appeler, au service de son art, les ressources ingénieuses de l'industrie, et si l'industrie le sert comme elle le doit, il atteindra plus sûrement son but par ces moyens qui ne portent atteinte ni à la considération de l'artiste ni à la dignité de l'art. Au contraire, en doublant les secrets de sa puissance, il montre son talent sous un nouvel aspect et son travail dans une nouvelle phase de son évolution.

Chaque type de saint, une fois créé par l'artiste, est répété par lui en *huit* dimensions, de manière à pouvoir occuper les niches de dimensions différentes qui se trouvent dans les églises. La réduction ou l'agrandissement s'effectue, non par les procédés *mécaniques* de la pantographie, mais par des modelages spéciaux, surtout pour les grandes statues, qui offrent d'énormes difficultés. Ainsi chaque type, quelle que soit sa grandeur est une œuvre à part, assortie aussi parfaitement que possible à ses conditions d'existence.

Lorsque l'artiste, a créé son type de saint, il lui faut, pour le reproduire à un nombre indéfini d'exemplaires, un moule. Ce moule se prépare avec du plâtre. On enduit de plâtre délayé la statue modèle ; on l'habille des pieds à la tête, en pressant bien le plâtre pour qu'il s'insinue parfaitement dans tous les bas reliefs du type. La statue ne paraît plus alors qu'une masse informe. Cette masse enveloppante est découpée en autant de pièces que possible pour qu'on puisse dégager aisément le modèle et éviter les coupes fâcheuses. Ces coupes ne pourraient, à leur tour, se tenir debout pour former une nouvelle statue ; on évite cet inconvénient en revêtant les coupes d'une chape continue et tout d'une pièce. — Comme le plâtre est difficile à trouver en bonne qualité, même à Paris, une usine à vapeur fonctionne à l'établissement, pour sa préparation. On y moud par an, 100,000 kilos de plâtre : ce seul trait peut donner une idée du mouvement de travail.

Le moule préparé, il faut, pour en remplir les creux, une matière malléable et souple. Or Vendeuvre possède, au canton de Toé, une argile très sableuse, à aspect de grès, lorsqu'elle est bien cuite. Une visite à la carrière nous a fait voir que cet argile se trouve en deux espèces, l'une blanche, l'autre rouge, lesquelles, séparées ne sont pas aptes aux emplois industriels, mais par leur mélange, acquièrent des qualités qui les rendent excellentes, pour la poterie et la statuaire. Le défaut de loisir ne nous a pas permis d'étudier à fond les caractères géologiques de cet argile ; un examen très superficiel nous a fait soupçonner toutefois qu'elle se rapporte au *gault* et au *greensand* des Anglais ; nous supposons que c'est, relativement au gault, un diluvium, une terre jaunâtre, quelquefois un peu rougeâtre, veinée de blanc, tantôt un peu argileuse, tantôt un peu plus sableuse (1). Cette terre compacte à l'état brut, est brisée pour être débarrassée des matières adventices, puis dissoute dans seize bassins de vingt mètres de superficie chacun, pour arriver, par l'évaporation des eaux, à consistance pâteuse. Ce résultat obtenu, soit dans les bassins, soit dans des gamelles de plâtre, pour hâter la dessication, la terre affinée est mise en cave pour l'usage d'été et d'hiver; elle reste assez longtemps pour dévorer, par consomption, les matières végétales qui pourraient rester dans l'argile. C'est avec cette terre pure que M. Moynet confectionne ses statues.

---

(1) Nous sommes obligé de renvoyer le lecteur qui voudrait approfondir ce point à la *Description géologique du département de l'Aube*, par Leymerie. Nous ajoutons que, pour lier ces deux espèces d'argile, une troisième espèce entre comme liant : c'est une terre très friable.

La terre préparée et le moule établi, on procède à la reproduction par voie d'estampage, à la main, en pressant du dedans l'argile, contre toutes les formes creuses du moule. Lorsque chaque coupe a été successivement garnie de terre, on les superpose pour former par le rapprochement, la statue, et on les revêt pour les assolider, de la chape tout d'une pièce. La statue reste ainsi au repos pour se prendre par compression et se sécher un peu sous l'impression du temps. Au bout du temps nécessaire, on déshabille l'épreuve de toutes ses pièces, et on a, devant soi, la reproduction exacte, conforme au modèle. L'épreuve déshabillée reste en repos sous l'action de l'atmosphère, huit ou quinze jours, suivant l'importance de l'objet. Après dessication complète, a lieu le polissage définitif.

Un ami nous a fait l'objection qu'avec des statues en terre argileuse, reproduite simplement par moulage, on ne peut obtenir que des statues inférieures, et, comme on dit vulgairement, de la *camelotte*. Sans doute si les statues étaient faites simplement avec les moules en plâtre, bien que le modèle put être objet d'art, la réplique ne serait plus qu'un article de vulgaire fabrication. Mais il n'en va pas ainsi : chaque statue, au sortir du moule est reprise par des artistes ; elle est sculptée, fouillée, perfectionnée à loisir et devient, par ce travail de perfectionnement successif, une œuvre personnelle, une création de l'art. — Notre ami ajoutait qu'il préférait, à la terre cuite, même la fonte moulée, malgré ses formes lourdes et ses couleurs trop monotones. La fonte est certainement plus dure, plus résistante que l'argile, mais, l'argile l'est suffisamment pour son emploi et ne souffre point, sous ce rapport, de son infériorité relative ; tandis que la fonte, malgré sa résistance supérieure, dévore les couleurs par les oxides et exige un entretien que ne nécessite point la terre cuite. De plus, sous le rapport du moulage, seul point ici en question, la fonte, par son poids et sa haute température, doit forcer son moule plus volontiers que l'argile qui ne le force point ; en cas de bavure, chose inadmissible pour l'argile, on peut les ébarber dans la fonte, mais on ne peut pas aisément corriger les formes, si elles sont défectueuses après fusion. Nous n'entendons pas rebaisser la fonte moulée par l'art ; nous croyons qu'on a tort de l'élever au détriment des statues en terre cuite :

Chacun pris en son air est agréable en soi.

Pour la cuisson il existe à l'établissement Moynet un four de trois mètres de diamètre et autant d'élévation, établi comme les fours de la manufacture céramique de Sèvres. On le chauffe au charbon de terre, par quatre bouches à feu, à 1,800 degrés centigrades. La cuisson des statues dure trois jours. Jusque-là, la statue n'était que poussière, susceptible de retourner en poussière ; une fois au four, elle est sauvée. Sauf le défaut accidentel de siccité, la cuisson ne cause pas d'accidents, ni casse, ni fente, ni vitrification. Au sortir du four, la statue présente un beau rouge, plus ou moins foncé, parfois presque brun, d'une dureté telle qu'en la choquant, avec une barre d'acier, vous produisez, comme avec le plus fin silex, une pluie d'étincelles.

L'imagination présente, ici, une difficulté, mais ce n'est qu'une difficulté d'imagination. Vous pourriez croire, ou du moins craindre, que cette cuisson de l'argile n'en altère les formes ou n'en trouble l'économie. Grâce à l'absence complète de calcaire dans l'argile de Vendeuvre, la cuisson ne peut pas produire de chaux, et, par conséquent, les accidents, qui proviennent ordinairement du calcaire, ne sont point à redouter. La cuisson, élevée à un si haut degré de puissance, donne, au contraire, une telle cohésion à l'argile, qu'elle peut braver tous les siècles comme la brique des aqueducs romains, des pyramides d'Egypte et des palais de Babylone. Dix-huit cents degrés, il est vrai, enflent la statue pendant qu'elle cuit au four ; mais le refroidissement fait disparaître cette boursoufflure momentanée, et

ramène même la statue à des formes un peu plus réduites. L'in-
certitude que laisse la différence des épaisseurs sur la quantité
probable du retrait des formes après cuisson, est peut-être la
cause de cette exagération de chair qu'accusait plus haut la critique. Quoiqu'il en soit, la cuisson à dix-huit cents degrés n'altère ni le fond, ni la forme des statues, elle leur donne seulement une force de durée qu'on attendrait vainement d'un moindre
calorique.

La décoration des statues se fait par cinq procédés : avec
peinture blanche ou couleur ; avec blanc ou couleur, filets d'or
et chair peinte ; avec or véritable en plein et chair peinte ; avec
polychromie or et peinture moyen âge ; avec pierreries ajoutées
au tout.

Avec un personnel d'ouvriers, qui est actuellement de quatre-
vingts, il se fabrique dans l'établissement, à peu près mille statues par mois. On les vend au fur et à mesure, en France et à
l'étranger, jusqu'aux Indes, en Chine et en Amérique, sur le
chiffre de douze mille par an. Pour la seule expédition annuelle,
il faut à l'établissement, par an, plusieurs mille kilos de pointes
et 40,000 toises de volige. Pour une vente de vingt années, nous
arrivons au chiffre presque fabuleux de deux cent quarante
mille statues.

A une personne qui lui avait demandé quelques renseigne-
ments sur sa maison, M. Léon Moynet répondit par la lettre
suivante que nous reproduisons comme confirmation et développements des précédents détails :

« La création de mon établissement artistique, dit l'honorable sculpteur, date de trente-cinq ans. Sur ce chiffre il a fallu,
pour étudier tous les moyens de reproduction en terre, de cuisson, de décoration, d'ordre, d'administration, une silencieuse
élaboration de 18 ans. Après quoi cet établissement artistique
et industriel prit un essor assez rapide et devint, à la fin de la
seconde période et successivement, ce qu'il est aujourd'hui. Avec

un personnel toujours croissant d'ouvriers, qui est actuellement
de 80, il se fabrique à peu près 1,000 statues par mois, dont 6
à 800 s'envoient dans toutes les directions à l'adresse du clergé
français et étranger. Ma clientèle étrangère embrasse à peu près
toutes les parties du monde catholique.

« Le commerce français s'empare à présent d'une bonne partie des produits de ma maison pour en faire son affaire propre.
C'est pourquoi j'ai toujours soin de tenir en magasin un supplé-
ment de 4,000 statues, ce qui permet de servir la clientèle mar-
chande aussi exactement que celle du clergé. Tous les modèles
de statues, consoles et pinacles de tous styles sont traités à l'é-
tablissement même. Donc un personnel d'artistes sculpteurs est
compris dans le chiffre ci-dessus, ainsi qu'une trentaine de déco-
rateurs de talent pour décorer de magnifiques ornements, les
vêtements des saints auxquels on veut rendre, par ce moyen,
un hommage tout particulier. Statuaire moi-même et connais-
sant les exigences de ma clientèle, je fais tous mes efforts pour
donner une idée plus vraie, plus élevée qu'on ne l'a fait généralement, jusqu'à présent, dans la statuaire des sujets chrétiens.

« Plusieurs mouleurs sont occupés à la confection des moules
servant à reproduire les statues. La quantité de plâtre fin, em-
ployé au moulage, monte à 100,000 kilos par an. Mais pour
l'obtenir de bonne qualité, une usine à vapeur, affectée à la fabrication de ce plâtre, est montée dans l'établissement même. L'o-
bligation prise par moi de tout rendre franco de port et d'embal-
lage pour toute la France entière, oblige à un écoulement de plusieurs mille kilos de pointes par an et à un débit de 30 à 40,000
toises de volige pour les caisses d'emballages.

« L'établissement en question m'appartient. Par ce fait, je
suis à même, tout en fournissant des objets soignés, de vendre
très bon marché. C'est ce que je fais pour mettre mes produits
à la portée de toutes les bourses. »

A une certaine date, Léon Moynet avait promis d'expliquer,

dans un petit volume tous les procédés de son art céramique. Nous croyons que cet écrit n'a point paru ; nous ne nous flattons pas ici d'avoir suppléé au silence de l'auteur ; nous voudrions plutôt l'engager à le rompre pour nous corriger.

V

L'établissement de M. Moynet a fait connaître ses produits par un catalogue et un album photographique.

Le catalogue est un volume petit in-12 de 52 pages avec couverture polichrome ; il est publié pour la 21e édition. Dans sa lettre préface, l'auteur dit avec beaucoup de raison : « J'ai d'autant plus à cœur de justifier la faveur de l'épiscopat et du Saint-Siége, que, depuis la guerre avec l'Allemagne, il répugne au patriotisme du clergé français d'aller chercher, chez nos ennemis, des objets que je me charge de fournir aussi beaux, aussi bien faits et plus solides que les leurs, sans parler de la différence énorme du prix. C'est aujourd'hui un fait avéré, que nos produits artistiques sont à l'égal des produits allemands, et les dépassent singulièrement par le travail et la sculpture, par leur solidité bien connue, par le sentiment religieux, et surtout par la peinture des chairs. Je possède à cet égard des milliers de témoignages que je pourrais citer ; mais il serait, on le comprend, de mauvais goût de les publier ici. »

Ce catalogue comprend : 1º La nomenclature des statues ronde-bosse, divisées en plusieurs séries suivant le nombre des figures de chaque groupe, avec numéro d'ordre, indications des hauteurs successives et prix fixe selon le mode de déclaration ; 2º l'indication d'un chemin de croix en relief, de plusieurs bas-reliefs, sujets pour tombe, culs de lampe, pinacles, croix, rayons, nimbes ou candélabres ; 3º l'énumération historique des patronages ; 4º une série d'observations importantes sur les questions douteuses que soulève toujours la lecture d'un catalogue ; 5º une table pour se reconnaître dans le détail, nécessairement compli-

qué, d'un vaste établissement. Le lecteur expert appréciera
l'opportunité de ces divisions et la convenance de ces renseigne-
ments.

Ce catalogue a été, dans le *Bien public* du 18 décembre 1876,
l'objet d'une attaque violente portant la signature de Viollet-le-
Duc (1). Viollet-le-Duc est cet archéologue illustre à qui nous
devons les deux savants dictionnaires de l'architecture et du
mobilier. Dès sa jeunesse, il avait travaillé pour l'Église et par
l'Église, noblement servie, il avait acquis la fortune et la gloire.
Sous Napoléon III, il était encore l'architecte du gouvernement,
pour la restauration des châteaux historiques. Depuis la répu-
blique, il a trahi ses convictions religieuses et monarchiques, et
comme tous les pervertis de fraîche date, pour étouffer les mur-
mures de sa conscience, il fait du zèle. Écrivain en deux tômes :
le premier dit oui, le second dit non : total zéro. Viollet-le-Duc
attaquant la dévotion aux saints me fait l'impression d'un Mont-
morency ramassant de la boue avec des gants blancs, pour la
jeter sur le blason de ses aïeux. La pitié pourrait commander
le silence ; la justice oblige à relever l'attaque.

« On le voit, non sans plaisir, dit l'agresseur, le petit catalogue
de ce bon M. Moynet ne se borne pas à nous donner le prix des
produits de sa fabrique « unique en France, » avec toutes sortes
de précautions contre la casse, les plus values par grande vi-
tesse — si par exemple on est pressé de guérir la gale ou un
mal de dents ; — avec des recommandations sur la manière de
décoller le papier brouillard : il y ajoute des commentaires sur
la figuration authentique de l'Immaculée-Conception, du Sacré-
Cœur de Jésus et un traité dévot des plus édifiants. Et cela se

---

(1) Le n°, qui contient cette mercuriale, contient encore. 1° Un roman intitulé :
Le *Pendu de la Forêt-Noire ;* 2° Un compte-rendu très élogieux d'une pièce
anti-française : l'*Ami Fritz* ; 3° Une amorce de bourse pour tromper les simples ; et 4° Plusieurs nouvelles sans vergogne. Est-ce par cette belle morale
qu'on entend neutraliser les mauvais exemples des saints.

4

répand dans les cures de nos campagnes avec la rapidité du phylloxera.

« Ce n'est pas, croyez-le bien, que je prétende susciter des embarras à cette propagande clérico-mercantile ; mais je me demande si on nous permettrait, à nous autres libres-penseurs de répandre dans ces mêmes campagnes des catalogues raisonnés, rédigés dans un esprit différent ; si on tolérerait, de chez nous, l'envoi d'images peintes ou sculptées auxquelles, de par ce catalogue, nous attacherions une signification ? Qu'en pensez-vous ?

« Laisserait-on circuler aujourd'hui, parmi nos *ruraux*, une liste des dieux de l'antique Olympe, à bon marché, au bout de laquelle seraient mentionnés les attributs de chacun d'eux ?

« Quant à moi, je ne verrais là qu'une extravagance sans portée, et que ce soit Junon-Lucine ou sainte Félicité que l'on invoque pour avoir des enfants mâles, cela m'est indifférent.

« Mais la commission de colportage aurait-elle ce scepticisme ? C'est douteux.

« Là *n'est pas la question* je le reconnais ; si on se place à un point de vue plus élevé, plus patriotique et plus sérieux, suppose-t-on qu'il y ait des avantages à répandre dans nos campagnes *ce fétichisme* qui, en vérité, n'a rien de commun avec la religion, qui ne peut contribuer à rendre les hommes *meilleurs*, *plus charitables*, *plus moraux*, plus travailleurs et plus attachés à leurs devoirs sociaux, tandis que certainement il propage des superstitions aussi grossières qu'irrévérencieuses.

« Il faudrait cependant admettre, une fois pour toutes, que pour l'Etat il n'est pas de terme moyen entre l'indifférence absolue en matière de culte et la protection d'un culte au détriment des autres. Or, l'histoire nous enseigne à quoi aboutit la reconnaissance d'une religion d'Etat. Cela conduit aux persécutions exercées par la cour de Byzance envers les schismatiques, aux croisades contre les Albigeois et les Vaudois, aux dragonnades etc., c'est-à-dire à la ruine des forces vives d'un pays. Sait-on ce que nous ont coûté, en France, les guerres religieuses, et quelles déplorables causes d'affaiblissement elles ont été pour la nation ?...

« Que M. Moynet fasse son petit commerce, c'est bien, à la condition que ce commerce ne soit pas un monopole.

« Si, dans une brochure à dix centimes, je déclare aux paysans que, leur vache étant malade, c'est la bête qu'il faut soigner et le vétérinaire qu'il faut appeler, non sainte Brigitte qu'il faut implorer ; que s'ils ont des hémorroïdes, c'est un bain de siége qu'il faut prendre, et non saint Fiacre qu'il faut invoquer, laissera-t-on vendre ma brochure ? Je n'ose l'espérer.

« Voilà cependant à quelles conséquences un gouvernement se trouve entraîné, lorsqu'il prétend protéger un culte et s'en servir comme d'un instrument. De proche en proche et sans qu'il en ait la conscience, il est amené à couvrir de son approbation toutes les folies et les insanités qui se parent du manteau de la religion. Et si le bon sens d'un peuple se réveille un jour (ce qui manque rarement d'arriver) on le rend responsable de ces insanités et folies, répandues... avec son approbation. »

En résumé Viollet-le-Duc estime qu'on peut guérir les maux des hommes par la médecine, les maux des bêtes par le vétérinaire, les maux de la terre par le drainage. D'où il conclut qu'il est superflu de prier Dieu et d'invoquer les saints. Sa manière de réformer la religion, de la purger des superstitions, comme il dit frivolement, c'est de la supprimer.

Il est difficile de professer une impiété plus nette et de l'afficher plus crûment. D'après ses idées sur la prière, il est probable que Viollet ne croit plus en Dieu, et dès lors, fut-il le plus grand savant du monde, il ne peut donner que de détestables conseils. Mais s'il croit au Dieu qui a créé les hommes, ses idées absurdes contre la prière, sont plus répréhensibles que s'il était athée, et en acquérant une culpabilité supérieure, elles gagnent encore infiniment en ridicule. La raison qui s'élève jusqu'à croire un Dieu créateur ne peut se dispenser d'admettre que ce Dieu est vivant, qu'il conserve et gouverne les choses qu'il a créées. Conclure de là que celle de ses créatures qui a reçu de lui l'intelligence, peut impunément et doit lui refuser la prière, c'est, assurément, ce que l'on peut faire, en son particulier, de plus absurde ; entreprendre de le persuader à d'autres, employer dans ce but le peu de fausse science que l'on s'est acquis, c'est ce que l'on peut faire de plus condamnable et de plus méchant.

Ne menons point notre contradicteur, au catéchisme, restons dans la vie pratique. Au milieu de ses gros livres et de ses petits articles, Viollet-le-Duc a-t-il observé que l'esprit de prière nuisit aux travaux utiles, et que les villageois qui vont à la messe fussent des cultivateurs moins intelligents que les faubouriens qui vont au cabaret. Sans s'élever au-dessus du point de vue misérable où le matérialisme se vautre, de là même, couché sur la terre et sur le fumier, on peut observer encore que, de tous les travaux, le plus utile est la prière, car c'est la prière qui fait l'ouvrier. C'est elle qui lui donne le courage, la probité, la résignation, l'espérance. L'Europe a été défrichée et civilisée par des hommes de prière. Si l'on avait attendu les progrès de la science, si les moines n'étaient pas venus, nos champs les plus fertiles seraient encore des marais ; l'homme irait encore à la chasse de l'homme dans ces déserts où, durant des siècles, la civilisation chrétienne, s'épanouissant au souffle de la prière, a vu ses plus beaux jours.

Nous n'entendons pas contester les bons effets de la médecine et de la pharmacie qui ne seraient pas moindres, quand même on se dispenserait, en les préconisant, d'insulter Dieu. Mais enfin on ne saurait croire que le scalpel, la cornue et la pioche remplaceront tout à fait la Providence. Dieu, ce Dieu vivant qui n'a pas cessé de commander aux vents et aux orages, ne pourra donc plus noyer nos champs, parce qu'ils seront drainés ?

Croyons cela pieusement puisque les malins l'affirment sans preuve. Restent les tempêtes, le soleil, la foudre, la grêle ; une nuée passe comme l'ombre sur la récolte mûre et la récolte n'est plus ; un insecte vient, un misérable insecte que le pied d'un enfant écrase par centaine, et l'insecte dévore tout, avant même que la science ait pu le voir et le nommer. Quel mal y a-t-il à invoquer, contre ces fléaux, le Dieu admirable dans ses saints ? pourquoi ne demanderions-nous pas d'être préservés des désastres ou d'en supporter courageusement les malheurs ? et à défaut de la prière, quels remèdes si efficaces nous propose donc le docte Viollet contre les sauterelles, l'oïdium et le phylloxera ?

Il y a un autre fléau pour l'agriculture, un fléau qui ne vient pas de Dieu, qui vient de l'homme et qui n'en est que plus à craindre ; car malheur à l'homme, quand Dieu lui donne l'homme pour ennemi. Ce fléau ce sont les idées politiques modernes, sur le *tien* et le *mien*, ce qu'on appelle le socialisme et la liquidation sociale. Les idées socialistes sont un péril plus grand que la maladie de la vigne, du mûrier ou de la pomme de terre ; elles attaquent la borne des héritages, elles rongent les titres de propriété. L'archéologie, les deux dictionnaires de Viollet-Le-Duc sont-ils un remède au socialisme, un remède plus efficace que la prière ?

Ah ! la propriété peut se livrer aux travaux les plus intelligents et imaginer les plus ingénieuses combinaisons pour décupler la puissance du sol et assurer les récoltes contre les sinistres. Quand il sera reçu que c'est assez d'honorer Dieu par le travail et la science, il viendra des intempéries politiques et il se formera des destructeurs contre lesquels toute science, toute force, toute raison seront aussi vaines que la prière aura été déclarée vaine contre la pluie. Parce que la prière aura cessé dans les champs, parce qu'on aura mis de côté le culte des saints, il n'y aura plus de travail, plus d'agriculture, plus de propriété.

Jusqu'à présent, grâce à Dieu, la nature même des choses et l'ordre de la Providence ont empêché les populations rurales d'être tout-à-fait envahies par la grossière impiété qui se forme dans la fausse science et dans la putréfaction des villes. Si Dieu n'existait pas, et qu'ils en eussent la preuve, les barbouilleurs comme Viollet-le-Duc, pourraient dire, contre le préjugé populaire, tout ce qui pourrait paraître logique. Et néanmoins, lorsque tant de faiblesses, de misères et d'inévitables travaux pèsent sur l'espèce humaine, il y aurait encore cruauté à dissiper une erreur qui, pour le plus grand nombre des hommes, serait plus que jamais l'unique compensation des dures réalités de la vie. Tout cœur juste, tout esprit droit protesteraient contre l'inhumaine philosophie qui ôterait tout aux pauvres, leur ôtant l'illusion d'une assistance divine et d'un meilleur avenir. Mais que penser de ceux qui se donnent cette tâche méchante, non pas contre une illusion, mais contre la vérité même; contre une vérité attestée par tout ce qui existe, et si évidente et si palpable que ceux qui la nient ne peuvent chercher un argument contre elle sans qu'aussitôt leur raison abusée succombe sous le poids de ses négations.

Au lieu de s'entêter dans une révolte imbécile, les yeux fermés, les oreilles fermées, le cœur fermé qu'ils consentent à calculer la portée de leurs paroles et qu'ils se souviennent des âmes ignorantes où ils vont tuer la foi : ils seront consternés eux-mêmes de l'énorme crime qu'ils commettent contre l'homme et contre la société. Voilà un archéologue qui macule agréablement son papier ; il travaille en robe de chambre, mangeant bien, buvant bien, dormant de même, oubliant Dieu surtout, bien qu'il ait déjà passé des années sur la terre. Il pourrait s'en tenir là, ce semble ; mais non, mais non. Il apprend que des populations alarmées pour leurs récoltes demandent à Dieu le temps propice dont elles ont besoin ; il apprend que l'art offre, à ces populations éprouvées, l'image des saints qui ont gardé

leur confiance : il prend sa plume, et, se moquant de l'art chrétien, auquel il doit toute sa renommée, il écrit fort piètrement,
que ces populations qui prient et les artistes qui répondent à
leurs vœux, font une chose absurde.

Qu'un paysan croie ce docteur, le voilà démoralisé. Certes, il
n'y gagne rien ; le moins qu'il y puisse perdre, c'est la plus
grande partie du bon sens et des qualités qu'il avait jusque-là.
S'il est riche il devient égoïste ; s'il est pauvre il devient jaloux.
Il laisse l'église et les saints, la famille et le travail, et le voilà
au cabaret. C'est là son gain et le gain de ceux qui l'entourent,
en attendant qu'on appelle le vétérinaire qui ne viendra pas plus
vite, ou qu'on prenne des bains de siège qui ne seront pas plus
efficaces, sans rendre à ce pauvre impie les consolations et les
vertus que lui conservait la prière. Viollet-le-Duc n'eut-il fait
que ce mal, sa conscience, s'il lui en reste, n'en sera jamais
consolée ; jamais les services, d'ailleurs douteux, que pourra
rendre son journal ne seront devant Dieu, ni devant les hommes,
une compensation suffisante à ce sot article qui est une mauvaise
action.

Mais c'est trop nous arrêter à ces choses encore plus imbé-
ciles que méchantes.

Léon Moynet fera la vingt-et-unième édition de son catalogue ; les pasteurs des âmes le liront avec intérêt ; les pieux
fidèles ouvriront entre eux des souscriptions spontanées pour
acheter le patron de leur confrérie ; les églises et les chapelles
continueront de s'orner d'une foule de belles statues ; et les
fidèles et les prêtres, formant des processions ou faisant des
pélerinages, demanderont encore, par l'intercession des saints,
la grâce de Dieu.

Je porte même plus haut mes espérances. J'espère que nous
reverrons ces siècles de foi où d'ineffables affections, des salu-
taires patronages se formaient entre les saints de l'Église triom-
phante et les humbles combattants de l'Église souffrante. J'espère

qu'on choisira, à son gré, dans ce peuple glorieux des élus, un père, un ami, une amie ; et que sous son aile, on marchera avec plus de confiance et de sécurité, vers l'éternelle lumière. Depuis le roi et le pontife, jusqu'au plus pauvre artisan, chacun avait autrefois un protecteur spécial. Au sein des combats, dans les dangers et les douleurs de la vie, ces saints patronages exerçaient toute leur influence consolatrice et fortifiante. Saint Louis mourant au-delà des mers pour la croix invoquait avec ferveur l'humble bergère qui était la protectrice de sa capitale. Les preux Espagnols, accablés par les Maures, voyaient saint Jacques se mêler à leurs rangs, et retournant à la charge, changeaient aussitôt leur défaite en victoire. Les chevaliers et les nobles seigneurs avaient pour modèles et pour patrons saint Michel et saint Georges, pour dames de leurs pieuses pensées sainte Catherine et sainte Marguerite : et s'il leur arrivait de mourir prisonniers et martyrs pour la foi, ils songeaient à sainte Agnès, à la jeune fille qui avait aussi ployé sa tête sous le fer du bourreau. Le laboureur voyait dans les églises, l'image de saint Isidore avec sa charrue, et de sainte Nothburge, la pauvre servante tyrolienne, avec sa faucille. Le pauvre artisan, l'homme livré aux durs travaux rencontrait à chaque pas ce colossal saint Christophe succombant sous le poids de l'enfant Jésus et retrouvait en lui le symbole de ces rudes labeurs de la vie dont le ciel est la moisson. Nous ne finirions jamais si nous essayions de spécifier les innombrables liens qui attachaient ainsi le ciel à la terre, si nous pénétrions dans cette vaste sphère où toutes les affections et tous les devoirs de la vie mortelle se trouvaient entrelacés à d'immortelles protections, où les âmes même les plus délaissées et les plus solitaires trouvaient tout un monde de consolations et d'intérêts à l'abri de tous les mécomptes d'ici-bas. On s'exerçait ainsi à aimer dès ce monde ceux qu'on devait aimer dans l'autre : on comptait retrouver au-delà de la tombe les saints protecteurs du berceau, les douces années de l'enfance, les fidèles patrons de l'existence tout entière, on n'avait qu'un vaste amour qui réunissait les deux vies de l'homme, et qui, commencé au sein des orages du temps, se prolongeait à travers les gloires de l'éternité (1).

Oui, nous espérons revoir ces beaux temps ; oui nous comptons, pour leur résurrection, sur le culte des saints que nous vénérons comme les amis de Dieu et nos protecteurs sur la terre. Et, nous attendons de cette renaissance, outre la reprise de nos meilleures traditions, une foule de biens terrestres. L'influence des saints sur l'éducation morale de l'humanité est aussi ancienne que l'Église, de même que le culte rendu aux martyrs et à leurs précieuses reliques. Comment n'en serait-il pas ainsi ? Les saints ont vécu pour le Sauveur et les martyrs sont morts pour lui ; la fidélité et la persévérance des uns, l'héroïque dévouement et la constance des autres sont le patrimoine commun de l'Église dans laquelle tout appartient à tous, et, comme un sang généreux, se répand à flots dans ses veines mystiques pour faire participer chacun des membres à la vie de tout le corps. L'impiété et l'indifférence ne lieront pas plus longtemps les veines qui portent ce sang de vie, et nos statuaires peuvent s'attendre à nous créer encore quelques milliers de types saints. Là est le salut : *Manet immota fides.*

VI

Nous avons maintenant à rendre compte de l'œuvre iconographique de Léon Moynet. Mais avant d'arrêter notre attention sur quelque statue en particulier, jetons d'abord un regard d'ensemble. Au premier coup d'œil, on est frappé de la vie qui règne dans cette galerie. Tout est silencieux, il est vrai, mais rien n'est mort. Tous ces personnages vivent ; tous, ils nous mon-

---

(1) MONTALEMBERT, *Histoire de sainte Elisabeth de Hongrie,* introd. p. 99 de l'édition -4°.

trent leur âme ; tous, ils nous impriment un respect religieux. Regardez plutôt. Voilà les anges, le genoux en terre, adorant la majesté de Dieu ; voilà les saints, l'œil au ciel, en prière ou en extase ; voilà Joseph contemplant avec amour l'Enfant Jésus qui dort sur son cœur ; voilà Marie recevant nos hommages et nous bénissant ; voilà son divin Fils dont la grâce naïve et charmante nous attire et nous captive ; voilà le Dieu d'amour qui nous découvre son cœur sacré. O religieux silence ! ô purs sentiments ! ô célestes beautés !

Pour écrire ce compte rendu, nous avons visité à loisir les magasins et nous avons sous les yeux l'album, pour nous rappeler les types. Un album ne comporte guère d'autre ordre que la succession des photographies ; des magasins n'en comportent pas, car on ne peut appeler ordre, les hasards de la reproduction suivant la bonne fortune des commandes. Afin d'orienter le lecteur, nous avons admis, pour notre compte, l'ordre des litanies des saints : cet ordre a l'avantage d'être liturgique, simple et clair comme tout ce qui procède de la simplicité et s'inspire de la foi. De plus, pour répondre aux grossiers dédains de l'impiété révolutionnaire et pour éclairer, par la doctrine, l'œuvre de l'art nous ne nous interdirons pas d'interpréter pour l'histoire les créations de la plastique. L'art est une lumière qui reproduit sensiblement le beau : on ne peut environner de trop de lumière la splendeur de ses œuvres.

Dieu était en Jésus-Christ pour se réconcilier le monde et Jésus-Christ est, avec la Vierge, les Anges et les Saints dans nos sacrés mystères. L'art antique avait entrevu le beau idéal ; l'art catholique exige le beau céleste et il en fournit des modèles en tous genres. Ses vieillards, ses enfants, ses vierges, ses saintes femmes sont des êtres merveilleux qui semblent appeler l'inspiration et défier le génie. Une beauté mâle dans sa fleur respire sur la figure des Anges : de leurs lèvres, de leurs mains, de leurs ailes s'échappent des torrents d'harmonie. Toutefois,

les anges et les saints ne sont que des degrés qui doivent élever
l'art jusqu'à l'Homme-Dieu et à la Vierge-Mère. Voyez-vous
cette Vierge, sainte comme le Christ, qui a pris en elle notre
nature pour la régénérer. « Telle qu'une fleur aérienne, elle
flotte au milieu d'une limpide lumière qui semble, en la révélant,
la voiler encore. Un parfum exquis d'innocence s'exhale d'elle et
l'enveloppe comme un vêtement. Sur son front serein, et où cependant apparait déjà le germe d'une douleur immense pres-
sentie et pleinement acceptée, sur ses lèvres qui sourient à l'Enfant divin, dans son regard virginal et maternel, dans la pureté
de ses traits pleins d'une grâce céleste, on reconnait tout ensemble, et la simple naïveté de la fille des hommes, et l'auguste
et l'ineffable sainteté en qui le Verbe éternel s'est incarné pour
le salut du monde. Voilà la femme selon le Christianisme, la
seconde Eve réparatrice de l'humanité ruinée par la première ;
et lorsqu'après une vie cachée, on la revoit au pied de la croix
sur laquelle se consomme le volontaire sacrifice de son Fils,
lorsqu'elle est là défaillante sous le poids de ses inénarrables angoisses, et toutefois recevant de la main du Père le calice d'a-
mertume, et l'épuisant jusqu'à la lie, sans proférer une plainte :
quelle distance de la Mère du Christ à l'antique Niobé. » (1)

Si la Vierge est un si noble type de beauté, que dire du
Christ ? Dieu sous la forme d'un enfant ! l'Homme-Dieu
annonçant aux hommes la vérité, transfiguré sur le Thabor,
souffrant volontairement toutes les douleurs de la mort pour
effacer nos crimes ! Non ; il n'est pas de conception aussi sublime
et les inventions de la mythologie sont froides autant que
fausses auprès de ces divins mystères. Faites-vous de l'homme
l'idéal le plus parfait, placez-le dans les situations où la
paix, les douleurs du corps et de l'âme, la tendresse,
la prière, l'extase, la mort, la résurrection, la tentation

(1) Lamennais, *Esquisse d'une philosophie*, t. III, p. 223.

même le rendent admirable à la terre, et vous trouverez
dans le Christ un idéal correspondant, mais infiniment supérieur.
De Maistre l'a nommé, *le beau céleste*, *l'idéal de l'idéal*. L'image
du saint dérive en général de celle de Notre Seigneur, et celle
du martyr de celle du crucifiement. Ne sentez-vous pas un monde
nouveau s'ouvrir au génie par la seule idée de Jésus crucifié. Et
fut-il donné à l'antiquité payenne de s'élever seulement à l'homme
mourant pour Dieu, sans faiblesse comme sans ostentation, et
jouissant, au milieu des tortures, d'un avant-goût de la béati-
tude ?

La figure du Christ a retenu et captivé longtemps l'attention
de M. Moynet. Jésus à la crèche, Jésus enfant seul et formant
groupe avec Joseph et Marie, Jésus baptisé par le précurseur,
Jésus prêchant, Jésus convertissant Madeleine, Jésus à la Cène,
Jésus au chemin de la croix, Jésus crucifié, Jésus détaché de la
croix et remis à sa mère, Jésus mort, Jésus en son Sacré-Cœur,
Jésus patron de l'apostolat de la prière ; tels sont les principaux
sujets de notre artiste. Nous savons que des doutes légitimes
combattent l'authenticité des portraits de Notre Seigneur mira-
culeusement empreints sur des linges ou peints de son vivant.
Ce n'est pas à dire que jamais son portrait n'ait été fait, et que
la tradition écrite, assez conforme d'ailleurs aux plus anciens
types connus, soit sans fondement. La lettre de Lentulus au Sé-
nat, est un document apocryphe ; elle date cependant des premiers siècles. Saint Jean Damascène au VIIIme siècle et Nicé-
phore Calixte au XIVme, perpétuent la tradition consignée dans
cette lettre : taille haute, physionomie à la fois douce et impo-
sante, cheveux couleur de froment, longs, bouclés, séparés en
deux parties à la façon des Nazaréens, front pur et uni, nez et
bouche irréprochables, barbe abondante de la même couleur que
la chevelure et partagée comme elle, yeux bleus et animés,
comme il convient au plus beau des enfants des hommes, tels
sont, en général les traits caractéristiques des Christ de Léon

Moynet. Sans entrer dans la controverse soulevée par les modernes, sur la beauté du Christ, il ne le représente étiré que dans la mort, mais il ne l'enlaidit jamais. Son crucifié est souffrant, mais il souffre en Dieu. Jésus baptisé forme un beau groupe ; la sainte famille est également pleine de grâce. Jésus enfant, c'est bien le Verbe qui se rapetisse ; mais en voilant sa grandeur, il n'a pas voulu l'éclipser. La crèche avec Joseph et Marie, le bœuf et l'âne, les trois rois et les trois bergers : c'est tout une épopée. Le nuage qui couvre l'astre, épargne l'œil sans le tromper et jusque dans les moindres traits de l'enfance mortelle, on sent le Dieu-Sauveur.

Nous dirons, en passant, un mot du Sacré-Cœur de Jésus. Rien n'est plus difficile que de concevoir artistiquement et de traduire exactement ce sujet. Le problème à résoudre, c'est d'exprimer l'amour de Jésus-Christ pour les hommes ; la difficulté c'est de réussir l'expression en découvrant le cœur de l'Homme-Dieu. L'artiste, pour rester dans la tradition et dans les formes de l'art, se voit dans la nécessité d'exprimer ce mystérieux sentiment de l'amour, par la représentation d'un organe matériel qui n'en est pas directement et absolument le signe.

L'amour se manifeste sur le visage, dans les traits, dans les yeux, sur les lèvres de l'homme ; il a sa source immatérielle, non pas dans un cœur de chair, mais dans je ne sais quelle profondeur de notre âme, où se produisent les émotions intimes, d'où partent ces élans qui vont précipiter les battements du cœur. Comment donc faire resplendir les beautés idéales de l'amour par un organe physique ? Dans l'impuissance où nous sommes de saisir adéquatement à son origine, dans ses développements et dans ses effets, ce sentiment profond, nous l'avons placé dans le cœur dont la fonction est de répandre partout la chaleur et la vie ; mais jamais nous ne saisirons les signes de l'amour dans l'expression matérielle du cœur de l'homme. C'est donc ailleurs que le statuaire va chercher son effet.

C'est ce que M. Moynet a réalisé dans deux belles statues. Dans l'une, Jésus a la main gauche sur son cœur d'où s'échappent les flammes de l'amour : il étend la main droite et semble nous dire : « Voilà ce cœur qui a tant aimé les hommes. » La tête est grande et noble ; de longs cheveux retombent en boucles sur les épaules, les joues se creusent légèrement, la bouche se resserre sous l'impression d'un sentiment fort : deux yeux larges et profonds nous font comprendre, comme dit saint Paul, « Quelle est la largeur, la longueur, la hauteur et la profondeur de l'amour divin. »

Dans l'autre, le divin Sauveur, debout sur le monde, élève affectueusement ses bras pour bénir et nous présente son cœur divin. La pose est noble, la statue pleine de majesté. Une grande douceur est empreinte sur les traits du bon Maître. Les deux bras étendus à la même hauteur, présentent une symétrie que l'œil n'aime pas beaucoup dans les œuvres de l'art ; le mouvement général parait en éprouver quelque gêne. Cependant la statue a de la majesté et de la grandeur, et si, pour quelques amateurs, elle offre moins de grâce que la précédente, ce n'est pas moins un fort beau type (1).

La Vierge-Mère n'a pas moins retenu l'artiste. Tous les traits de la beauté sainte se réunissent, comme dans leur naturel foyer, sur la figure de Marie, le désespoir, et pourtant l'objet le plus chéri de l'art moderne dans toute sa vigueur. La fabuleuse Isis, portant aussi un enfant mystérieux sur les genoux, obtenait déjà les préférences de l'art antique ; mais combien Marie surpasse Isis ! Marie est la femme spirituelle dont le corps n'existe, pour ainsi dire, que comme expression de l'âme. Soit qu'elle paraisse dans l'éclat immaculé de sa pureté origi-

---

(1) On peut graver, aux pieds de cette statue, le nom du pays qui doit la posséder : c'est un petit détail qui a bien son agrément. Les étrangers y font mettre invariablement le nom de leur patrie ; pour la France, on peut y placer même le nom de la paroisse.

nelle ; soit qu'elle presse l'Enfant-Dieu contre son cœur ; soit
que, debout, elle le contemple mourant sur la croix : Marie
éveille, dans l'âme de Léon Moynet, d'ineffables émotions. On
dirait qu'il ne peut se lasser de la contempler, et qu'espérant
atteindre un jour sa beauté inexprimable, il veut sans cesse en
poursuivre l'expression. Immaculée-Conception en trois types ;
Vierge-Mère en quatre ou cinq types, Vierge à la crèche, à
Nazareth, à la croix, au tombeau ; Notre-Dame du Sacré-Cœur,
Notre-Dame de Bon-Secours, Notre-Dame du Saint-Rosaire,
Notre-Dame de la Salette et Notre-Dame de Lourdes ; Notre-
Dame des Victoires, et Notre-Dame des Sept-Douleurs : voilà
les principales images qu'il nous présente. Celui qui croit et qui
aime les trouve toutes au goût de sa piété ; mais s'il fallait
marquer une préférence, grand serait l'embarras de son choix.
Nous citerons, cependant, comme réalisant à peu près l'idéal,
une Vierge-Mère, dans le style du XVᵉ siècle, dont les traits
représentent, pour nous, le sommet de la perfection ; au-delà,
c'est l'impossible.

Une de ces Vierges est figurée portant la couronne, ayant
devant elle l'Enfant Jésus qui chemine également couronné. Ce
type, d'ailleurs très-beau, a été presque démonétisé par une
parole du Pape. Dans un de ses entretiens publics, Pie IX a dit
qu'une bonne mère porte son enfant et ne le laisse pas à ses
pieds ; on en a conclu que toute Vierge-Mère qui ne porte pas
l'enfant est un icône à réprouver. Nous pensons qu'on a exagéré
beaucoup trop le sens des paroles du Pontife, et cette prohibition, si prohibition il y a, ne nous parait point tomber sur
cette image. Nul doute qu'une bonne mère ne doive, pour fortifier son enfant et l'échauffer contre son cœur, le porter ; mais
elle ne doit le porter que quand il est petit. Lorsque l'enfant
atteint son premier lustre, il n'est plus à porter, il faut qu'il
marche pour se fortifier lui-même et soulager sa bonne mère.
Que si cet enfant est le roi immortel des siècles et le souverain

des cieux ; si, comme c'est le cas, il porte la couronne, marque
de sa souveraineté, pour exprimer son âge, son indépendance et
son pouvoir souverain, on ne peut plus le laisser sur les bras de
sa mère. Ce serait un triple contre-sens. D'un mot mal compris
ou mal appliqué du Pape, nous en appelons aux explications du
Saint-Siége.

Nous aurions moins de sympathie pour une Vierge du Sacré-
Cœur qui, d'un bras, porte l'Enfant divin, et de l'autre main
porte le cœur de cet enfant, placé en saillie et tout rouge sur la
poitrine. D'abord cette expression du pouvoir de Marie sur le
cœur de Jésus nous parait trop matérielle et aussi contraire aux
lois de la nature qu'aux exigences de l'art ; ensuite, elle exagère
ce pouvoir, puisqu'en plaçant le cœur du Fils dans la main de
la mère, elle le met à sa discrétion. La Vierge, il est vrai a tout
crédit près du Sauveur, mais non par empire, et seulement par
prière : *Omnipotentia supplex*, dit saint Bernard (1).

En résumé, les nombreuses statues de la Vierge nous frappent
toutes par un air de grandeur douce et de majestueuse beauté.
La Vierge apparaît, à chacun de nous sous des traits différents :
les uns veulent considérer surtout en elle la Vierge Immaculée,
les autres la mère du Sauveur ; pour ceux-ci, c'est la bonté ;
pour ceux-là, c'est la grâce. M. Moynet communique tour à tour,
à ses statues, ces divers sentiments ; mais il ne veut représenter
Marie que sous les traits de Reine. Que Marie prie ou qu'elle
combatte, qu'elle reçoive nos prières ou qu'elle les offre à son
Fils, sa pose, ses traits, l'expression de son âme marquée sur
son visage, tout en elle semble royal. Certes, il fallait une grande
sureté de main et une parfaite conception de type, pour ne pas
tomber dans la sévérité ou dans la froideur. L'écueil a été évité.
La Vierge nous apparaît toujours majestueuse et toujours belle.

(1) En parlant ci-après des groupes ronde-bosse, nous verrons qu'il existe,
dans les ateliers de M. Moynet, pour le même objet, cinq ou six Vierges différentes, toutes d'un fort beau type.

Mais son port de reine n'a rien qui puisse nous effrayer : elle se montre à nous avec tant de bonté et de douceur, que nous ne pouvons que l'aimer.

L'ange est une autre conception propre au Christianisme. Il est essentiellement dépourvu de sexe et revêtu du corps *spirituel* dont parle saint Paul aux Corinthiens. Quoi de plus suave que l'ange gardien ? de plus chaste que l'ange Gabriel ? de plus poétiquement fort et terrible que l'Archange précipitant Lucifer dans les éternels abimes ? Saint Michel efface l'Apollon du Vatican, perçant de ses flèches, avec calme et mépris, le serpent Python. M. Moynet a représenté avec grâce l'ange gardien, l'ange qui prêche portant sa prédication sur une banderolle, l'ange qui porte au tombeau les attributs du Christ, l'ange adorateur, l'ange qui soutient un lustre, un candélabre, un encensoir, une lampe, un reliquaire et un bénitier. Tous ces anges ont la beauté des deux sexes et cependant ils n'ont point de sexe : le goût même se croirait coupable s'il y pensait. Une éternelle adolescence brille sur ces visages célestes ; jamais ils n'ont été enfants, jamais ils ne seront vieillards ; en les contemplant nous avons une idée de ce que nous serons, lorsque nos corps se relèveront de la poussière pour n'y plus rentrer.

Parmi ces anges, nous sympathisons moins à ceux qui paraissent, par leurs attributions, devenus les serviteurs de l'homme. Les anges ont des missions à remplir près des hommes, mais toujours avec la supériorité de leur nature et l'autorité de leur mandat ; les anges ne sont les serviteurs que de Dieu qui en fait, près de nous, des ambassadeurs. — Nous n'admettrions pas volontiers, par exemple l'ange portant reliquaire, et l'ange accroupi qui présente une coquille d'eau bénite ou une bourse pour quêter ; nous ne les accepterions pas comme *principe*, mais seulement comme *fantaisie*. Quant aux anges porte-bénitiers, sans nous arrêter à l'observation brutalement comique dont ils ont été l'occasion ou le prétexte, nous aimerions mieux, comme type

5

théologique et artistique du vase à eau bénite, le Christ en croix, le sein percé, le serpent roulé autour de la croix mais vaincu, et l'eau tombée du sein de Jésus-Christ recueillie dans un réservoir placé au pied des roches qui supportent la croix.

Mais, nous admirerons, sans réserve, les deux anges en adoration, qui trouvent si bien leur place aux deux angles d'un maître-autel. Tous deux sont agenouillés sur des coussins portés par des nuages d'argent ; les ailes demi repliées, les mains jointes, la tête inclinée, ils sont abîmés dans la prière. L'un a non-seulement les mains jointes, mais croisées sur la poitrine ; il est absorbé, je ne dis pas abîmé, dans sa contemplation ; — l'autre, mains jointes, fixe le regard, sur l'objet qu'il contemple dans une noble attitude. Celui-là marque plutôt le silence de l'adoration, celui-ci le calme de l'amour. Tous les deux ravissent par leur pure beauté.

Mais les anges ne sont pas toujours en prière. Il y eut, au commencement, un grand combat dans le Ciel, et sous les regards de Dieu, les bons anges virent l'Archange Michel terrasser le démon. Ce triomphe a inspiré à Raphaël une belle peinture que tout le monde connaît ; la statue de M. Moynet rappelle le tableau du peintre d'Urbin : pour la pose, c'est le même vainqueur ; pour le costume, c'est la même cuirasse de mailles ; — il y a pourtant de grandes différences. La scène d'abord n'est pas prise juste au même point : pour Raphaël, c'est l'instant du triomphe ; pour Moynet, celui du combat. Dans le tableau, le démon sous une forme en partie humaine, est déjà terrassé ; l'ange le refoule d'un pied vainqueur, et, victorieux, va remonter au Ciel. Dans la sculpture, l'ange vient d'atteindre le démon, qui a pris la forme du dragon légendaire. Le mouvement a dû être rapide, car les ailes ne sont pas encore entièrement reployées, et la chevelure reste soulevée par la résistance de l'air. Le monstre surpris n'a pas le temps de se mettre en défense. Des replis de sa queue, il cherche du moins à enlacer les jambes

de son céleste adversaire. Mais il n'est plus temps ; à peine si,
par cet acte violent, il parvient à retenir le mouvement de la
jambe gauche, qui autrement, eut écrasé le monstre. Celui-ci
furieux cherche à relever la tête, et ne voit pas qu'il se livre
ainsi lui-même au coup qui va l'abattre. Pour l'ange, dans toute
la beauté d'une jeunesse éternelle, et dans un élan aussi libre
que celui d'une volonté à laquelle rien ne résiste ; il frappe le
coup vengeur. Une sorte de dédain tranquille erre sur ses lèvres :
il sent qu'il sera facilement vainqueur et s'étonne de voir qu'on
ait osé le combattre.

Satan est le type du mal, l'artisan du vice et de la damnation.
Les anciens l'ont adoré, mais n'ont pas connu, comme nous, cet
être étrange où éclate le contraste de la beauté physique encore
subsistante et de la beauté morale détruite. Le pleur éternel, le
grincement de dents et le ver qui ne meurt point terrassent de
frayeur ; tandis que le rocher de Sisyphe, le tonneau des
Danaïdes, les balances de Minos et la barque à Caron font rire.
L'œil fixé sur les beautés célestes, Léon Moynet n'a jamais
arrêté son regard sur l'ange déchu que pour écarter ce type
maudit. Bien qu'Ary Scheffer ait essayé de l'embellir et Renan
de le réhabiliter, l'artiste s'en est tenu à cette sentence, que le
type du mal est le prototype du laid : *Ubi umbra mortis, nullus*
ordo et sempiternus horror, c'est-à-dire point d'art.

Au-dessous du Christ, de la Vierge et des anges, voici les
quatre Évangélistes qui ont écrit, sous la dictée de l'Esprit-
Saint, la vie du Sauveur ; puis les douze Apôtres qui ont porté
la bonne nouvelle jusqu'aux extrémités du monde et arrosé de
leur sang la semence évangélique. Apôtres et Évangélistes sont
également les hérauts du Christ, ses pieds pour parcourir le
monde, ses mains pour épancher sa grâce, sa bouche pour prêcher à toute créature et la convertir. Léon Moynet les représente avec une heureuse variété de physionomie et une scrupu-
leuse fidélité d'attributions. La tête d'ange, c'est saint Mathieu

qui débute par la généalogie humaine du Christ ; le lion, saint
Marc, qui d'abord nous transporte au désert où retentit la voix
du précurseur ; le bœuf, saint Luc, dont l'Évangile commence
par le sacrifice de Zacharie ; et saint Jean, dont l'essor nous
emporte subitement au sein de Dieu, c'est l'aigle. La plupart
des Pères ont expliqué le sens de ces images tirées d'Ezéchiel
et de l'Apocalypse : M. Moynet s'en est tenu à l'interprétation
de saint Jérôme.

Le collége apostolique est au complet à Vendeuvre, sauf Judas
l'Iscariote qui peut s'y trouver aussi, mais pas dans les ateliers
hagiographiques. Saint Pierre, plus âgé et d'une taille moins
élevée que saint Paul, a le coq à ses pieds et presse les clefs
dans ses mains en regardant le Ciel. Saint Paul, la tête couverte
d'une épaisse chevelure, se distingue par la forme juive de son
visage ; il a ce nez long, gracieusement incliné, dont parle Nicé-
phore ; il porte comme docteur, le rouleau, comme citoyen
romain, le glaive qui rappelle aussi le persécuteur. Saint André
a la croix en sautoir ; saint Jean imberbe, bénit le calice, d'où
s'échappe parfois le serpent réminiscence du vin empoisonné
d'Ephèse ; près de saint Jacques le Mineur, évêque de Jérusalem,
vous voyez le gourdin noueux du foulon qui l'assomma ; saint
Jacques le Majeur porte le grand bâton de pèlerin, la gourde,
les coquilles et le chapel ; saint Thomas, la lance qui lui perça
le sein ; saint Philippe, la grande croix de son martyr ; saint
Barthélemi, le couteau de son écorchement ; saint Simon, la
scie ; saint Mathias, la hache ; et saint Jude, le bâton. Toutes ces
figures sont recueillies, graves, expressives, et rappellent, par
le rouleau de papyrus, la fonction de l'apostolat. Ce groupe des
douze apôtres, surmonté de Jésus prêchant, est une des merveilles de la statuaire.

De ce groupe d'apôtres, nous rapprocherons la magnifique
statue de saint Pierre au Vatican. Tous les pèlerins de Rome
connaissent la statue de saint Pierre, en bronze, placée à gauche

sur un soubassement, et pas loin de la confession du Prince des apôtres. A Rome, c'est l'usage, en entrant dans Saint-Pierre, d'aller baiser le pied de cette statue ; les lèvres des pèlerins en ont usé l'orteil. Le statuaire de Vendeuvre a cru faire une chose bonne et utile en transportant cette coutume en France ; elle doit y fleurir en proportion même de la dévotion que professent tous les catholiques pour le Saint-Siège. En vue d'aider à ce retour, il a reproduit en terre cuite le saint Pierre de Rome ; il le destine à occuper, à l'entrée des églises, un petit coin près du bénitier ; et l'offre, dans ce but, en différentes grandeurs. — Pierre, aux cheveux frisés et coupés courts, a l'allure majestueuse d'un grand prince ; on dit qu'il était autrefois un Jupiter, ou un empereur romain, et que, par un habile raccord, on en a fait le premier Vicaire de Jésus-Christ. Le fait est qu'il repose noblement sur une chaise curule ; il tient, dans ses deux fortes mains, deux grosses clefs dirigées, l'une vers le ciel, l'autre vers la terre. Sans nuire ni à la disposition générale, ni à la ressemblance, on a, dans l'intérêt de l'art, modifié légèrement les draperies. Pour que les lèvres n'en usent pas le pied, on le coule en bronze, et, afin que tout le monde puisse lui offrir son baiser pieux, on ne l'élève pas trop haut. La chaise curule est placée sur un socle en bois, avec teinte d'ivoire, en bonne et régulière proportion avec la statue. J'oubliais de dire que, pour donner à la statue le teint de bronze, on l'a peint en conséquence ; et, pour augmenter encore la grande impression de la majesté pontificale, notre artiste a eu l'heureuse idée d'illuminer, d'un rayon sublime, la face de saint Pierre, comme l'a fait, dans son crucifiement, Giotto.

Lorsque les apôtres eurent prêché l'Évangile, le vieux monde se convertit, mais pas sans résistance. Pendant trois siècles, des chrétiens de tout sexe, de tout âge et de toute condition, surent se laisser égorger pour la garde de leur foi. On en porte le chiffre à onze millions, ce qu'ils souffrirent dépasse toute croyance.

L'échafaud simple, était, pour eux, presque une douceur. La flagellation avec des verges de fer, les membres coupés en détail, l'exposition aux bêtes, le crucifiement, le feu, assaisonnaient, pour la rage des bourreaux, les supplices des martyrs. Le talent fatigué par ses efforts pour peindre les anges, la Vierge et Jésus-Christ, put se délasser en s'exerçant sur la figure des victimes de la persécution. C'étaient encore de superbes modèles que ces témoins sublimes qui pouvaient sauver leur vie en disant *non*, et qui la jetaient en disant *oui*. Sur les visages de ces martyrs par choix, l'artiste devait nous faire voir, non-seulement la douleur *belle*, mais la douleur *acceptée*, mêlée dans leurs traits à la foi, à l'espérance et à l'amour, M. Moynet n'a pas manqué à ce devoir. Étienne, Vincent, Laurent, Sébastien, Maurice se présentent avec les attributs de leur profession et la marque de leur supplice. Puis, par un trait où vous reconnaitrez le goût exquis de l'artiste, voici au complet, le chœur des Vierges martyrs.

Des milliers d'hommes étaient morts dans d'affreux supplices ; des milliers d'autres se retirèrent dans les déserts et les solitudes pour faire éclater dans le cours d'une longue vie de mortification et de renoncement cette puissance de la foi, victorieuse du monde, à laquelle les premiers rendaient en un instant le plus héroïque témoignage. D'autres encore s'en allèrent occuper les sièges épiscopaux, et devinrent la gloire de leur siècle et de tous les siècles par la merveilleuse alliance du plus sublime génie et de la plus profonde piété, de la plus haute intelligence et du plus humble cœur, du savoir le plus étendu et de la soumission la plus ingénue. D'autres se retirèrent dans les cloîtres pour s'y consacrer à une vie de pénitence ou de science, mais toujours à une vie d'obéissance et de pauvreté ; pour s'attacher à une communauté qui n'offrait à ses membres d'autres biens communs que le travail, le renoncement et la prière. D'autres enfin restèrent dans le monde et sanctifièrent les diverses conditions de la vie sociale, comme leurs frères sanctifiaient la vie de la solitude et de la retraite, et chaque classe de la société a eu son idéal de perfection et de vertu chrétienne qu'elle peut opposer aux plus grands saints enfantés par les cloîtrés et les Thébaïdes. Car partout, au grand jour des emplois et des dignités comme à l'ombre des pacifiques cellules, sur les sièges épiscopaux comme au fond des grottes calcaires de l'Égypte ou des bords de la mer Morte, une même foi vivait en eux tous : la foi au sacrifice d'un Dieu qui s'est fait homme pour racheter les hommes du péché. Là où se trouve la foi véritable, on doit infailliblement rencontrer des saints ; car dès lors que la foi est vivante elle s'attache avec amour au Rédempteur, et c'est le propre de l'amour, d'inspirer au cœur qu'il enflamme la soif du dévoûment et un ardent désir de se rendre semblable à l'objet aimé.

Léon Moynet a chanté avec ses statues, cette épopée de l'histoire ecclésiastique. Voici, avec son cochon saint Antoine, le patriarche de la vie monastique ; voici saint Benoit, le rénovateur de l'Occident, avec sa crosse d'Abbé et sa règle merveilleuse ; voici saint Patrice, avec le bâton épiscopal, qui soutint, dans ses fatigues apostoliques, le convertisseur de l'Irlande ; voici saint Bernard, qui porte Clairvaux dans ses bras, saint François d'Assise en extase, saint Dominique et saint Antoine de Padoue, saint Gilles et saint Valfroid, saint Élie et saint Simon Stock, saint Vincent Ferrier et saint Jean de Matha ; saint Ignace et saint François-Xavier, saint François de Sales et saint Vincent de Paul ; voici surtout l'admirable Nicolas de Myre, saint Georges le chevalier merveilleux et saint Martin le thaumaturge des Gaules.

Ici, une place à part pour deux saints et pour deux saintes de la même famille : les deux saintes sont : sainte Rose de Lima, sainte Catherine de Sienne dans leur rapport mystique avec le fondateur de l'ordre Dominicain ; les deux saints sont : saint Dominique, avec un lys, et saint Thomas avec livres et plume : .

l'un prie, l'autre médite ; les deux visages rendent parfaitement
la différence des deux sortes d'oraison.

Je n'oublierai pas saint Louis, cette gloire si pure de la
France, saint Henri, la gloire de l'Allemagne, saint Ferdinand,
la gloire de l'Espagne, saint Éloi, le patron de l'enclume et de
la charrue, saint Wendelin, le patron des bergers, saint Hubert,
le patron des chasseurs, avec le cerf qui lui apporte la croix,
saint Quentin, l'émule de saint Maurice, saint Yves, le patron
des avocats, saint Fiacre, le patron des jardiniers, saint Isidore,
le patron des laboureurs, en un type avec son semoir, dans un
autre type, avec sa bêche, dont le coup fait jaillir à ses pieds
une fontaine, saint Louis de Gonzague, le patron de la jeunesse,
le B. P. Fourrier de Mattaincourt et saint Charles Borromée,
archevêque de Milan si grand par ses vertus, plus grand par
son zèle à introduire dans sa plénitude féconde, la discipline de
Trente. Tous ces saints, irréprochables dans leur attitude, cor-
rects dans leurs expressions, sont présentés, avec leur caractère
historique, dans tout l'éclat de leur gloire.

La beauté ayant été donnée à la femme, la femme devait être
le modèle de choix pour la statuaire. « Il m'a toujours paru,
dit la comtesse Ida de Hahn, qu'il y a, dans la condition de la
femme, sur la terre, une sorte d'expiation pour une faute mys-
térieuse. Sans doute, elle partage avec l'homme la punition de
la désobéissance commune ; mais un sort pareil à celui qui a
pesé sur elle durant des milliers d'années, et qui se perpétue
encore aujourd'hui parmi tant de peuples, me semble comme un
châtiment terrible infligé à une faute énorme qu'il ne nous est
pas donné de mesurer dans toute son étendue (1). » L'Église et
l'Évangile, c'est un fait constant, par leur doctrine sur la virginité et leur législation sur le mariage, tirèrent la femme de la
poussière et de la fange où elle avait été traînée pendant tant

(1) IDA DE HAHN, *Une voix de Jérusalem*, p. 120.

de siècles. Dès lors, elle devint mille fois plus pure, plus belle, plus idéale qu'elle ne s'était révélée jusque-là, même dans les types exceptionnels, objet des admirations de l'antiquité. Car cette plante a besoin, pour fleurir, d'un autre sol que la terre, et d'un autre air que celui qui souffle sur un sol aride. Si elle n'est placée dans les conditions qui lui conviennent, on voit bientôt s'éteindre en elle tout ce qui fait son charme, chasteté et tendresse, délicatesse et profondeur de sentiment. Par suite, elle perd aussi toute son influence ennoblissante, et tout son prestige moral, devient la victime de la sensualité de l'homme, le jouet de ses caprices, l'esclave de ses besoins, humiliations dont elle se venge, quand elle le peut, par les plus affreux désordres, et tombe bientôt, pour son châtiment, dans l'abîme du vice ou dans un abrutissement stupide, comme les femmes du harem. L'antiquité, chez qui le vice était une religion, avait résolu ce problème moral et artistique de la femme, en donnant libre carrière à toutes les passions. Le Christianisme qui n'admet rien de ce qui peut altérer la morale, a porté sur ce chapitre décisif, une loi bien simple : c'est de proscrire spécialement dans l'art, toute représentation dont l'original offenserait, dans le monde, l'œil même de l'humaine sagesse. Cette loi sévère, mais aussi sage que juste, qui se mêle à toutes les pensées de l'art lui rend le plus grand service en s'opposant à la corruption, qui détruit à la fin le beau de toutes les classes, comme un ulcère malin qui ronge la vie.

« La femme chrétienne, continue J. de Maistre, est donc un modèle surnaturel comme l'ange. C'est une créature plus *belle encore que la beauté*, soit que pour confesser sa foi, elle marche au supplice avec les grâces sévères de son sexe et le courage du nôtre ; soit qu'auprès d'un lit de douleurs, elle vienne servir et consoler la pauvreté malade et souffrante ; soit qu'au pied des autels, elle présente sa main à l'homme qu'elle aimera seul jusqu'au tombeau ; dans toutes ces têtes d'un caractère si différent,

— —

il y a cependant toujours un trait général qui les fait remonter au même principe de beauté :

.....*Facies non omnibus una*
Nec diversa tamen, qualem decet esse sarorum (1). »

Artiste par le fond des entrailles, Léon Moynet ne pouvait pas échapper un seul des types si divers de la femme chrétienne. Jeune fille, vierge, épouse, mère, veuve, sectatrice de la vie commune, hôte du cloître, fondatrice d'abbaye, femme portée par la piété sur les hauteurs de la contemplation mystique ou immolée par le martyre : il les a toutes contemplées, avec une admiration respectueuse et représentées avec un sentiment de profonde piété. Depuis sainte Anne qu'il nous montre, consolant sa stérilité avec un nid d'oiseaux et occupant sa maternité par l'éducation scolaire de la Vierge, jusqu'à Germaine Cousin qu'il nous représente avec sa quenouille, son agneau et les fleurs qui s'échappent des plis de sa robe, je ne vois pas de lacune sérieuse dans ce poème de la femme catholique. Voici Madeleine, les cheveux épars, à genoux devant le Sauveur, et Madeleine debout, d'un pied foulant une tête de mort, des deux mains, crucifiant à la croix qu'elle embrasse, un cœur trop et trop longtemps coupable ; voici Agathe présentant les tenailles qui déchirèrent ses mamelles ; voici Eugénie avec le marteau et Anastasie avec la palme ; voici Catherine, couronne en tête, appuyée d'une main sur une roue brisée, de l'autre portant un livre ; voici Philomène avec la flèche qui lui perça le cœur, Barbe avec la tour qui lui servit de prison, Cécile avec l'instrument de musique qui salua son sacrifice, Agnès avec l'agneau qu'entrevirent ses parents, Lucie tenant dans un vase ses yeux arrachés et rendus à leur orbite par un miracle, Marguerite foulant le dragon tentateur ; voici Julitte avec le petit Cyr, Marie l'Egyptienne avec le couteau, Félicité avec son vase d'eau, Ursule avec sa couronne,

_____

(1) *Examen de la philosophie de Bacon*, t, II p. 302.

Geneviève avec sa houlette, Clotilde avec son église, Elisabeth dans le miracle des roses, Brigitte avec son bœuf et sa crosse, Gertrude avec la crosse sur laquelle les rats grimpent, Rose de Lima avec les roses et la croix dans un bouquet, Thérèse en extase.

Je rapprocherai de ces saintes, un nouveau type de Jeanne d'Arc, qui enlève tous les suffrages. La jeune Vierge de Domremy est vêtue en chevalier, avec armure de fer en treillis, brassards, cuissards ; son casque est à ses pieds ; elle est ceinte de l'épée ; elle dresse l'étendard à fleurs de lys ; en le pressant sur son cœur, elle élève vers le ciel un front encadré dans sa chevelure tombante, et, par son regard pieux, elle exprime à la fois le patriotisme et la dévotion, la confiance en son pays et en son Dieu. — Il est question de canoniser Jeanne d'Arc ; lorsque la pucelle d'Orléans sera inscrite au catalogue des saints, pour lui donner un icône, il n'y aura qu'à prendre ce type de la libératrice des Français. L'idée juste y est pleinement et parfaitement rendue.

A l'aspect de ces figures saintes, quelque belles qu'elles soient, aucune pensée profane n'oserait s'élever dans le cœur d'un homme de goût ; au contraire, elles inspirent toute l'admiration pour les vertus qu'elles ont pratiquées et pour les sacrifices dont elles ont été, toutes, plus ou moins les victimes. On leur doit une certaine vénération intellectuelle, pure comme leurs modèles. Jusque dans leurs vêtements, il y a quelque chose qui n'est point terrestre. On doit y voir une élégance sans recherche, une pauvreté sans laideur, et, si le sujet l'ordonne, la pompe sans faste. Ces saintes sont belles comme des temples : *Compositæ in similitudinem templi* : et toutes leurs grâces sont des grâces de Dieu.

Telles sont, dans leur ensemble et vues à vol d'oiseau, les statues ronde-bosse de Léon Moynet. Ce sont les litanies de Jésus, de la Vierge et des Saints écrites en signes hiératiques, suivant les règles de l'art catholique et de la tradition chrétienne. Jusqu'à lui, nos églises ravagées par la révolution, n'avaient gardé dans leurs niches séculaires, que de rares statues et pas toujours d'un goût irréprochable. Le réveil catholique à dater de 1830, amena les esprits à l'intelligence de l'art chrétien, mais la statuaire ne répondit pas aux progrès des études archéologiques. Des hommes de bonne volonté d'ailleurs s'attardèrent à des compositions de matières fausses et d'un genre vainement maniéré, sous couleur d'archaïsme. A quelques années en arrière, pour avoir une bonne statue, c'était l'opinion en France qu'il fallait se pourvoir à Gand ou à Munich. A Gand, c'est le bon goût dans sa pureté catholique, mais à Munich, le dessin est pitoyable et toutes les images sont atteintes de chlorose. Vive Dieu ! nous avons maintenant une statuaire populaire et artistique, catholique et française, que son créateur, par un travail progressif amène aujourd'hui à perfection. Il n'y a plus d'église qui ne puisse remplir ses niches, désertes peut-être depuis quatre-vingts ans. Que les prêtres se le disent, que les populations chrétiennes se cotisent à leur appel et grâce à la statuaire en terre cuite, nos sanctuaires, si longtemps en deuil, reprendront pour les agrandir encore, les splendeurs d'autrefois.

Léon Moynet, le démiurge de l'argile, aura été, pour le monde chrétien, l'émule de Zorobabel.

VII

Les habitudes de l'âme finissent toujours par laisser leur empreinte sur le visage de l'homme, et communiquent ainsi à ce dernier un cachet particulier qui constitue son individualité extérieure. Une vive intelligence se peint dans un regard brillant et profond ; sous les coups répétés de la colère qui les ébranle, les traits se heurtent et se durcissent, comme aussi ils s'emplissent de douceur quand la bonté de l'âme les a souvent marqués d'une tendre et affectueuse expression : ainsi montrons-nous aux regards attentifs une image extérieure de la vie intime de notre âme.

Mais démêler, à première vue, les vrais sentiments d'un homme, se faire une idée exacte de son caractère et de son intelligence, quand on ne le voit qu'en dehors de toute scène capable de le surexciter, n'est pas chose facile, et voilà pourquoi parmi tant de peintres, il y a si peu de vrais *portraitistes*. Le sculpteur qui n'a point à sa disposition les brillantes richesses de la palette, ne doit-il pas éprouver encore plus de difficultés que le peintre à faire passer la vie dans ses statues. Ce n'est guère que par la perfection du modèle qu'il peut animer la pierre, et l'on comprend combien il doit se donner de peine pour produire un si grand effet avec des moyens si restreints.

Mais si, au lieu de faire une statue, il compose un groupe, alors il multiplie ses ressources. Le nombre des personnages, la variété de leurs attitudes, la différence de leur costume, l'harmonie de leurs poses, concourant à l'unité d'une même scène, en rendent la vérité plus frappante. D'ailleurs ce n'est plus l'ensemble d'une vie qu'il s'agit de marquer dans l'empreinte des traits, c'est un sentiment puissant, soudainement excité dans l'âme par une action présente et vive. Ce n'est pas à dire qu'il soit plus facile de composer une scène que d'exécuter une statue ; non, l'effort de conception est au contraire plus grand. Mais il y a plus à reproduire, et le groupe paraîtra facilement plus vivant que la statue.

Pour qu'il en soit ainsi, toutefois, une chose est nécessaire : l'unité de scène. Autrement, l'attention se disperse, et le sentiment divisé s'affaiblit. Mais si chaque personnage du groupe prend sa part de l'action générale ; s'il n'est là que parce que sa place y est marquée et sa présence requise, alors le drame, si je puis parler ainsi, fixe l'attention, arrête l'esprit et émeut le cœur, la scène est une et belle et, pour peu que l'exécution plastique ne laisse pas trop à désirer, elle ne manquera pas de produire l'effet cherché.

C'est peut-être là le mérite le plus grand des groupes de M. Moynet. Sans parler encore des bas-reliefs, qui sont aussi des groupes, nous avons des groupes en ronde-bosse, dont nous devons apprécier la valeur.

Et d'abord nous avons, en statues groupées ou en groupes d'une seule pièce, toute la légende de saint Jean-Baptiste. En bas-relief ovale, nous verrons la Visitation ; nous avons, au complet, la famille de Zacharie, Jean enfant jouant avec l'agneau, et Élisabeth détachée, comme patronne des fileurs ; nous avons la mission de saint Jean-Baptiste à qui sa mère commande d'obéir à l'appel de Dieu ; nous avons Jean-Baptiste toujours avec l'Agneau, prêchant la pénitence dans le désert ; nous avons le baptême du Christ. Tous ces groupes, scrupuleusement historiques et esthétiquement beaux, plaisent à l'âme et la pénètrent profondément des souvenirs du plus grand des enfants des hommes.

La légende du Christ, rappelée déjà par les patriarches et les prophètes, qui tous se rapportent à sa mission, s'ouvre à la crèche. Tous les sujets de cette crèche sont groupés sur une table en chêne, dont le plancher horizontal et le fond vertical, simulent, par la peinture, ce délabrement d'une étable ; mais cela produit comme aspect, la vue d'un autel, et si quelque église était consacrée à la Nativité du Sauveur, en inclinant, de bas en haut, cette crèche, elle formerait parfaitement le retable du maître-autel de cette église. Au centre, l'Enfant Jésus est placé sur un chevalet couvert de paille et rendu plus doux par la superposition d'un linge étendu : l'enfant, en chemise, tête relevée, figure ravissante, est à proximité pour le baisement des pieds. L'étoile en pierreries brille sur sa tête. Au fond du groupe, s'élèvent le palmier et le dattier au naturel, en zinc colorié ; au pied du dattier est couché le bœuf avec deux gros yeux étonnés de ce qu'ils voient ; au pied du palmier, l'âne, baissant une oreille, a bien l'air de comprendre ce qu'il a de mieux à faire dans une circonstance si nouvelle. A droite en avant du bœuf, saint Joseph, genou incliné, appuyé des deux mains sur son bâton, contemple le mystère ; en face, à gauche, la Vierge-Mère, en robe cerise, manteau bleu, mains jointes, tête baissée, à deux genoux sur la paille, adore l'Enfant-Dieu. En avant de Joseph, les trois bergers habillés en peaux : le premier debout porte un agneau ; le second, plus jeune, amène aussi son agneau ; le troisième est un vieillard chauve qui prie à genoux, les mains jointes ; — en avant de la Vierge, les trois rois, couronne en tête ; Gaspard debout s'incline en présentant un coffret d'or ; Balthasar offre l'encens dans une cassollette fermée ; Melchior, tout noir, apporte la myrrhe dans une urne. Au bord, sur les deux angles se dressent un aloès et un tulipier. Cette crèche est, comme on le voit, au grand complet, et très-intéressante sous tous les rapports ; mais, à cause des quinze pièces qui la constituent, elle ne permet pas d'ouvrir le chapitre des considérations.

Après la crèche, voici la Sainte Famille, ou le triomphe de l'Enfant Jésus à Nazareth. Joseph et Marie, debout, l'un en contemplation, l'autre en adoration, élèvent, au-dessus de leurs épaules, l'Enfant Jésus, comme un trophée de leur commune allégresse. De la main droite, Joseph soutient le genou de l'enfant, de la gauche qui passe par derrière, comme pour faire dos de chaise avec le bras, il élève le lys ; Marie, de la main gauche, tient la main de l'enfant ; de la droite l'appuie par derrière. L'enfant, encadré dans ces deux têtes, avoisiné du lys, élève la main droite pour bénir avec trois doigts. Scène gracieuse et touchante, qui réjouit le cœur des pères et fait battre le cœur des mères ; c'est essentiellement un groupe de famille et la décoration pieuse d'une chambre nuptiale. Nous avons remarqué, à différentes reprises, qu'il exerçait, sur le cœur des mères, une irrésistible puissance.

Nous mentionnons, sans nous arrêter, une autre Sainte Famille, où l'enfant plus jeune, a, de chaque côté, Joseph et Marie ; au-dessus de lui, deux anges.

Au risque de déroger à notre plan, nous dirons ici que, pour l'effet moral, on peut rapprocher, de la Sainte Famille, les groupes de l'ange gardien. Pour les enfants au berceau, il y a l'ange gardien, aux grandes ailes relevées seulement par en haut, à figure maternelle, qui couvre du bout antérieur de son aile gauche, un enfant qu'il presse dans ses bras. L'enfant, endormi, appuie sa belle tête contre la tête de l'ange. Pour les enfants déjà grands, il y a l'ange à figure plus mâle, aux cheveux tressés, aux ailes moins visibles, qui, de la main droite, montre le ciel, à un enfant, qu'il soutient de la gauche. Ce qui fait l'originalité de cette statue, c'est la manière dont l'ange dirige les pas du sujet dont il a la garde. D'ordinaire, l'ange tient la main de l'enfant et le conduit lui-même ; ici, c'est une simple direction. L'enfant, les bras croisés sur la poitrine, cherche la force et la lumière, dans le regard de son céleste guide ; il apprend véritablement à marcher. Toute éducation est une œuvre de persuasion, et c'est ce qu'expriment très-bien, à notre gré, la beauté et la bonté empreintes dans les traits de l'ange comme dans l'appui qu'il prête si simplement à l'enfant.

Au souvenir de Nazareth peuvent se rattacher les statues de Jésus enfant et de Jésus bénissant, puis les groupes de Joseph, patron de la famille chrétienne, portant Jésus ou le conduisant. Le saint Joseph de M. Moynet appartient à la famille des patriarches : il en a la dignité simple et la bonté. Le front haut, la barbe et les cheveux abondants, le nez légèrement aquilin, les lèvres pures et irréprochables, de grands yeux pleins de douceur : voilà le type. Et toutefois saint Joseph n'est pas seulement de la race patriarcale, il appartient aussi à la famille

ouvrière. Vous avez connu quelque part cet ouvrier bon et
chrétien, que le travail ennoblit, qui porte avec joie la chaleur
et le poids du jour, qui vit pour ses enfants, qui trouve dans un
de leurs regards l'oubli de toutes ses fatigues et de toutes ses
peines. Vous l'avez contemplé le soir, revenant de l'atelier et
arrivant à la maison : il prend son fils dans ses bras, le regarde
avec des yeux ravis et, souriant, le couvre de baisers. Tel était
saint Joseph.

Voyez maintenant cette statue dont la main gauche s'appuie
sur la règle du charpentier, dont la droite porte un lys. Ce front
austère indique une vie déjà avancée ; ces mains un peu dessé-
chées et dont les articulations sont devenues saillantes, ont
manifestement travaillé beaucoup ; mais ni l'âge, ni le travail
n'ont courbé le corps. La pureté de l'âme qui l'habite, en a, au
contraire, conservé la force et la beauté, et pas une ride ne vient
faire douter de la sérénité constante de la pensée et de la parfaite tranquillité du cœur. Le sentiment qui domine ici est celui
de la virginité.

Voici, tout à côté, Joseph portant Jésus sur son bras, et de
l'autre, retenant sa petite main. Par une expression naturelle
et pleine de grâce, l'enfant fait voir le bonheur qu'il a d'être
porté. La tête se dilate avec un air affectueux qui semble dire :
« Que vous êtes bon ! » Joseph incline sa tête avec attendrisse-
ment et semble répondre : « O mon fils, combien je vous aime ! »

Voici encore Joseph et l'Enfant Jésus cheminant devant lui,
en robe flottante, légèrement relevée par une ceinture. En abais-
sant les regards sur son divin Fils, saint Joseph découvre toute
sa tendresse ; il tient toujours le lys, pour montrer qu'il n'est
que le père putatif de l'Homme-Dieu ; mais il le soutient toujours
comme père nourricier. Jésus, avec sa chevelure bouclée et
son frais visage, respire tant de grâce, qu'il est impossible de
le regarder, je ne dis pas sans le trouver beau, mais sans éprouver la plus tendre émotion.

6

Le même groupe existe, Jésus découvrant son cœur, ce cœur qui a tant aimé les hommes : c'est saint Joseph au Sacré-Cœur.

Ici se placerait, si nous n'en avions déjà parlé, le groupe de Jésus prêchant, au milieu des douze apôtres, groupe historique et mystique, car il nous présente, à la fois, ceux qui ont accompagné Jésus dans les travaux de l'apostolat et ceux qui ont planté dans leur sang l'Église de Jésus-Christ. Avec les pensées de la foi et les habitudes de la piété, non-seulement l'esprit ne voit pas mal à ce syncrétisme, mais il s'y complaît, absorbé qu'il est par le grand sens de cette page d'histoire. On parle souvent de grands hommes pour les exalter ; les vrais grands hommes les voici : ce sont ceux qui ont fondé, avec la parole et le sang, l'empire le plus vaste, le plus noble, le plus solide, le plus éprouvé et le plus glorieux qu'ait pu contempler le soleil de l'histoire.

Dans cette page de la prédication évangélique, nous avons une scène : Jésus absolvant Madeleine et l'exhortant à la pénitence, Madeleine s'est jetée aux pieds du Sauveur, un genou sur la pierre. Sa tête est encore couverte de l'abondance de ses cheveux, souvenir et emblème de la vie qu'elle réprouve ; mais sa tête est baissée pour implorer la miséricorde et son corps est déjà revêtu de la robe austère des mortifications. Jésus, debout, chevelure à la Nazaréenne, en robe et manteau, l'absout, mais pas sans lui dire de crucifier sa chair avec ses convoitises, pour expier, par une longue réparation, les erreurs criminelles d'une jeunesse qui avait interverti cruellement la loi du saint amour.

Nous arrivons au couronnement de la tragédie, au crucifiement. Le Calvaire est un grand et difficile ouvrage. Qui pourrait reproduire dignement un spectacle devant lequel l'univers s'est senti vaincu ? Le voilà pourtant, autant, du moins, que l'art peut le représenter. Jésus est en croix ; à ses pieds, la Vierge, saint Jean et la Madeleine. La Vierge debout, la tête couverte, le corps sévèrement drapé, les mains baissées et serrées convulsivement, porte sur son Fils des yeux remplis de larmes; une douleur muette s'est emparée d'elle et elle est là comme frappée de stupeur : *Stabat mater dolorosa.* Jean également debout, mains relevées et serrées avec force, corps drapé, chevelure tombante, lève la tête vers le Christ. L'intelligent artiste a compris qu'il fallait concentrer, sur ces deux visages, toute la puissance de la douleur ; il n'a pas manqué d'amasser, dans leurs traits calmes, une sorte de terreur qui rend bien tout ce que l'âme peut éprouver d'angoisses. La Madeleine au pied de la croix, qu'elle embrasse avec amour, semble recevoir sur sa tête, comme une onde salutaire, le sang qui coule des plaies du Christ. Quel abandon ! quel naturel ! quelle souplesse de mouvement dans le corps de cette femme jetée à terre par le poids de la douleur.

Tout à l'heure le Christ allait mourir. Avant d'expirer, il a fait encore un effort suprême pour départir, à sa mère et à son Bien-aimé, une dernière consolation ; il a pardonné à ses bourreaux, il a bu le fiel mêlé de vinaigre. Tout est consommé, il meurt ; il meurt comme il convient à un Dieu, souffrant, mais non abattu, le corps brisé par les coups, mais soutenu dans sa beauté, par la puissance divine qui ne lui permettra pas de voir la corruption. L'artiste, avec un sens profond et un à-propos qui fait frémir, a choisi cet instant unique où le Christ vient de donner sa vie pour le monde. Le Christ est mort ; ses cheveux tombant d'un côté, sont relevés de l'autre ; une lourde couronne les presse et le sang a perlé sous les pointes des épines ; le visage est au repos, les yeux sont à demi-clos, la bouche garde encore l'expression douce de l'amour et du pardon. Le corps, un peu appesanti sur lui-même, est d'ailleurs bien proportionné et d'une grande pureté de lignes. Si vous vous rappelez que l'artiste a modelé précédemment les anges portant les attributs de la passion et si vous les groupez, en esprit, à l'arrière de la croix, vous aurez, comme Calvaire, tout ce qui peut se concevoir de noblement grand, de religieusement beau : scène mémorable, où se jouent tous les intérêts du monde, où Dieu sauvegarde aussi ses droits, scène que nous n'envisagerions qu'avec terreur, si elle ne faisait pas couler spontanément les plus douces larmes de la reconnaissance, dictées, par la raison, au repentir.

Après le Calvaire, la descente de la Croix. Le corps de Jésus est dans les bras de sa pauvre mère. Dans un sentiment de haute délicatesse, l'artiste n'a placé là, ni Madeleine en pleurs, ni Joseph d'Arimathie et Nicodème avec les parfums de la sépulture, ni aucun personnage qui distrairait l'attention : il ne devait se trouver et il n'y a, dans ce groupe, que Jésus et Marie. La mère de douleurs, à demi-debout, à demi-assise, le corps enveloppé d'une draperie qu'il était difficile de trouver et qui est admirablement réussie, supporte de ses deux bras le corps du Christ. Le corps inanimé du Sauveur attire forcément l'attention du spectateur : il est ployé sur lui-même, appuyé sur les jambes courbées, soutenu, d'en haut, par Marie ; la tête retombe avec les cheveux, mais sans trahir la divinité. Cette tête est d'une beauté accomplie ; jamais douleurs plus profondes n'ont altéré un plus suave visage, sans le moins défigurer. Mais la douleur est surtout exprimée par le visage de la Vierge ; les yeux mouillés de larmes, elle dévore du regard le visage éteint de son fils mort. Contemplez ce front tendre, ces joues creusées par la souffrance, cette bouche crispée par l'angoisse. La douleur et le calme sont là pourtant, comme dans tout ce qui est divin. O scène profondément attachante ! Il est impossible que le cœur ne soit pas touché devant ce tableau et que la prière ne vienne pas aux lèvres.

La Vierge figure dans beaucoup d'autres groupes. Le premier en date, c'est l'éducation de la Vierge. Le visage de sainte Anne est long et indique, par ses lignes fortes et amaigries, un âge déjà avancé, mais non encore la vieillesse. Un commencement de sourire sur les lèvres indique la joie qu'éprouve sainte Anne à cette douce occupation. Tout l'intérêt de la scène se porte sur le texte sacré. La sainte l'indique du doigt à l'enfant-vierge et le suit du regard. Marie concentre, sur le rouleau, toute son attention et semble moins lire que savourer la page divine. L'artiste a mis beaucoup de naturel dans le mouvement des deux têtes et dans la pose des deux bras de la Vierge.

La Vierge de la Salette est représentée selon l'apparition, avec une couronne à bords remontants, des roses aux manches et aux bordures de son mouchoir, sur la poitrine un crucifix, cantonné du marteau et des tenailles. Maximin et Mélanie, dans leur naïveté dauphinoise, sont rendus avec la plus attrayante exactitude.

La Vierge de Lourdes est également un type historique. Couronne en tête, mains jointes, avec robe, manteau et ceinture, elle porte un chapelet sur son bras et des roses à ses pieds ; au-dessous l'inscription : *Je suis l'Immaculée.* Bernadette est, comme Mélanie et Maximin, un petit chef-d'œuvre de délicatesse rustique.

L'apparition de Paray à Marguerite-Marie est, avec la même fidélité, dans les données de l'histoire.

La Vierge du Rosaire, couronnée de roses, présente un chapelet que soutient aussi l'Enfant Jésus, qu'elle porte à son bras.

La Vierge de Notre-Dame des Victoires est parfaitement conforme à l'original des Petits-Pères.

La Vierge-Mère assise, tenant, d'une main, le sceptre du monde, de l'autre, présentant l'Enfant Jésus ; la Vierge-Mère debout, couronnée d'une auréole d'étoiles ; la Vierge au lys : autant de types ravissants. Je n'ose pas ajouter vingt autres types de la Vierge ; non que je craigne d'effrayer par cette profusion, mais je m'avoue vaincu. Les mots me manquent pour rendre ce que j'ai vu ; si, par un effort d'esprit, je réussissais à mettre ma palette au niveau de cette richesse, je craindrais qu'en restant fidèle rapporteur, on ne m'accuse d'avoir pris mon thème dans une vision enchantée. Je n'ai qu'une chose à dire au lecteur : Venez et voyez.

Rien ne réjouit plus délicieusement le cœur et l'esprit que la lumière et l'amour ; mais rien, non plus, ne lasse plus vite que l'admiration. Vous croiriez que nous sommes sans force pour jouir longtemps de ce qui nous attire avec le plus de force, et à peine l'avons-nous entrevu ou goûté, qu'il faut nous éloigner au plus vite, pour ne pas nous énerver et nous éteindre dans les prolongements excessifs de la jouissance. Il faut revenir aux tracas de l'épreuve, aux efforts du travail, aux luttes et aux angoisses. On a la révélation de cette vérité lorsqu'on visite une exposition d'art ou d'industrie ; après avoir parcouru avec attention et plaisir délicat, deux ou trois galeries, on finit par regarder sans rien voir, et, à la fin, ahuri ou malade, on voudrait s'enfuir et on s'éloigne, en effet, comme si l'on se délivrait d'un mal de tête ou d'un cauchemar. Dans le Paradis terrestre de Vendeuvre, vous n'éprouvez rien de pareil. Que vous examiniez statues séparées ou groupes ; que vous en fassiez objet d'études réfléchies ou de simples observations, vous ne manquez pas d'en éprouver une satisfaction intime, douce sans fatigue, délicate sans effort, pleine de contentements qui ne comportent aucun mauvais retour. J'ai fait cette observation sur les visiteurs et d'autres m'ont confirmé dans cette observation : Tous, en s'éloignant, disent avoir trouvé, à l'établissement de céramique, une multitude de choses qu'ils ne soupçonnaient même pas : ils regrettent d'avoir à peine pu en visiter le demi-quart ; mais ils disent tous invariablement : « Au revoir et à bientôt ! »

VIII

Avez-vous eu jamais, dans votre vie, la bonne fortune de mettre la main sur l'album d'un grand artiste. Avec quelle joie vous avez feuilleté ces pages naïves, où le maître a jeté, au hasard du crayon, et comme en se jouant, sans souci de la perfection des formes, les mille tableaux que lui représente son ardente imagination. Ne travaillant pas pour le public, n'ayant d'autre but que d'exprimer et de fixer dans la matière l'idée mobile qui s'offre d'elle-même à lui, et qui fuit s'il ne l'arrête, il ne se préoccupe point de finir son œuvre, il ne la fait pas complète, mais il la fait vivante. Il met le détail, j'entends celui qui ne serait mis que pour l'effet général, et non celui qui ajoute un trait à un caractère, un sentiment à un visage, un épisode à une histoire ; mais il n'oublie rien de ce qui peut rendre sa pensée saisissante : en un mot, il laisse de côté le métier, l'art seul le guide. Aussi ces premiers crayons se font-ils remarquer par une naïveté simple, mais puissante. Ils semblent tracés pour mettre en saillie, si je puis ainsi parler, ce que la nature elle-même place en évidence. N'est-ce point pour cette raison que l'on revoit quelquefois ces premières esquisses du maître avec plus de plaisir que ses pages les plus belles. Sans doute, on le sait, on l'accorde volontiers, ce ne sont point là des tableaux, de grandes œuvres à braver la critique, mais c'est une âme qui se peint d'une manière aisée et charmante, qui s'ouvre et se répand d'elle-même et sans effort, et revêt, pour ainsi dire, d'elle-même, tout ce qu'elle touche.

Eh bien ! toute proportion gardée, il me semble qu'on en peut dire autant des bas-reliefs. Le sculpteur obligé de développer une scène dans une superficie dont la dimension et les formes sont déterminées par des exigences tout à fait étrangères au sujet, forcé de trouver dans une épaisseur de quelques centimètres assez de profondeur pour grouper quelquefois de nombreux personnages, le sculpteur, dis-je, a dû avoir recours au *convenu*. Il a pu en être gêné d'abord, mais dans la difficulté même il a trouvé des ressources nouvelles.

S'apercevant que le *convenu* obligeait l'imagination du spectateur à suppléer à l'absence des formes réelles et au véritable relief des objets représentés, il en a profité pour détourner l'at-

tention de cette imperfection de la beauté plastique, et pour
l'appeler tout entière sur l'expression de la beauté morale. Alors
dans le bas-relief comme dans ces croquis, dont je parlais tout
à l'heure, l'idée et le sentiment ont dominé et l'artiste a moins
cherché à faire une œuvre sans défaut, qu'à tracer sur la pierre,
en traits rapides et expressifs, cette variété infinie de sentiments, qui s'agitent, se succèdent, se combattent ou s'harmoni-
sent tour à tour dans l'âme humaine. C'est donc là qu'il faut
chercher, je ne dirai pas la valeur du talent de l'artiste, mais
la vivacité de son cœur, la grâce de son imagination, le mouvement de sa pensée.

Des statues ronde-bosse, nous passons aux bas-reliefs. Nous
ne dirons rien à ce propos, du Saint-Esprit pour abat-voix de
chaire ; des attributs des Evangélistes pris séparément, des
palmes et couronnes pour trophée de martyr, des roses et lys
pour symbole d'innocence, non plus que des nimbes, socles, culs-
de-lampe et pinacles (1), toutes pièces de rapport, d'un fort bon
goût, mais qui offrent moins d'intérêt à la critique.

Nous ne noterons qu'en passant une Jeanne d'Arc en cotte de
maille portant l'oriflamme, les deux femmes qui peuvent servir
de pot à tabac, les deux lions de Canova empruntés par imitation au tombeau de Benoit XIII, et deux anges en pleurs dépo-
sant des couronnes sur un tombeau où le sablier sert de support
à la croix. Surtout nous ne relevons rien dans ces fantaisies
d'art et ces reproductions historiques, bien que, pour nous,
comme monument funéraire, il ne puisse rien se concevoir de
mieux qu'une croix montée sur pierre brute et formant Calvaire.

Notre attention se concentre sur les sujets consacrés exclusivement au culte public.

---

(1) Les socles et pinacles offrent pratiquement le double avantage de la
beauté et de l'économie, pour les églises qui manquent de niches. C'est un
grand avantage.

Voici d'abord, comme pendants, le sacrifice d'Abel et le sacrifice d'Abraham. Ce sont deux bas-reliefs de quarante deux centimètres de hauteur, d'une parfaite vraisemblance de détails. Caïn, l'œil sombre, offre son holocauste dont le ciel se détourne; Abel en prière extatique, offre un holocauste analogue dont Jehovah vient agréer l'hommage. Isaac, volontairement incliné sous la main de son père et couché sur le bois, attend le coup mortel ; Abraham, dans une attitude fière va lever le bras et abattre le couteau ; l'ange du Seigneur l'arrête. Les grands arbres de l'Orient, avec leur feuillage amassé, encadrent cette scène biblique.

Voici ensuite, le véritable Abel et le véritable Isaac, Jésus au jardin des olives et Jésus au Calvaire, bas-reliefs de quatre-vingt six centimètres de hauteur, très expressifs, riches de draperies, mais qui gagneraient beaucoup à se développer dans un plus grand cadre.

Voici la Cène, bas-relief de 55 c. sur 1 m. 25 c., pour tombeau d'autel, très beau sujet, pris au moment où Madeleine verse, sur les pieds du Sauveur un parfum précieux. Ses apôtres s'entretiennent des grands mystères qui viennent de s'accomplir. Judas est déjà parti ; c'est l'heure où va s'exercer la puissance des ténèbres.

Voici la Résurrection, bas-relief de 80 c. sur 1 m. 70 c., également pour tombeau d'autel.

Voici le Purgatoire, bas-relief de 55 c. sur 1 m. 25 c. aussi heureux de conception que beau d'exécution. Les dimensions permettent d'en faire un devant d'autel.

Voici les quatre Évangélistes et Jésus prêchant, voici le Sauveur du monde, bas-reliefs plats pour applique à une chaire et à une porte de tabernacle. Il s'en fait reproduction en fonte fine.

Voici, en pendants, l'Annonciation et le triomphe de la Vierge, niches ogivales de 78 c. sur 33 c., sujets reproduits d'après un type traditionnel et traités avec une parfaite délicatesse de touche.

Voici deux autres pendants, relatifs à la Vierge, l'Annonciation et la Visitation, bas-reliefs de 30 c., en forme ovale ; ce sont tout simplement des chefs-d'œuvre.

Quoiqu'il ne faille pas prodiguer le nom de chef-d'œuvre, je l'applique encore à la communion des apôtres. La première communion des apôtres eut lieu après la cène : *Factâ cœnâ* : la cène était la manducation de l'agneau pascal, symbole du sacrifice eucharistique ; l'Eucharistie, instituée après la cène, fut la substitution de la réalité à la figure ; et la distribution de l'Eucharistie, faite aux convives du Seigneur, fut la première communion des apôtres. On a confondu, très à tort quelquefois ces deux choses, dans des œuvres d'art, notamment dans la cène de Léonard de Vinci, qui n'est qu'un tableau de salle à manger. On les a confondues, d'une manière absolument ridicule, dans le récit protestant de la cène. Faire la cène, pour les protestants, c'est communier en figure au corps et au sang de Jésus-Christ, en prenant un peu de pain et de vin ; j'en demande bien pardon à ces violateurs du texte biblique, pour être conséquent avec eux-mêmes, ils devraient, pour faire la cène, non pas prendre du pain et du vin, mais se ceindre les reins et manger l'agneau pascal. Mais nous n'avons pas à réformer la réforme, nous avons à parler de la communion des apôtres, pièce admirable pour devant d'autel et pour tout autre décoration.

La table est dressée couverte d'une nappe ; il n'y a plus rien dessus que deux assiettes vides et le calice. Autour de la table, vous apercevez quelques escabeaux, nos habitudes ne comportent pas la mode antique de se coucher. Le Sauveur est debout au fond, sous une arcade grecque, tenant d'une main le pain consacré, de l'autre distribuant les premières hosties. A sa droite est debout, mais un peu moins grand, saint Jacques le Majeur, qui sera évêque de Jérusalem ; à gauche, Judas, aussi debout, détourne la tête, comme pour exprimer l'horreur du sacrilège qu'il va commettre ou la colère qu'inspire la nouvelle preuve de tendresse qui vient, au dernier moment, ajouter encore à la malice de son forfait ; saint Pierre, aussi près du Sauveur, vient de communier et fait son action de grâce ; saint Jean, placé de l'autre côté, communie ; un peu plus bas, saint Philippe, les mains jointes, tête baissée, prie dans un profond recueillement; de chaque côté, les autres apôtres, les uns assis, les autres à genoux, attendent, en adoration, le moment de communier.

C'était, pour l'artiste, une difficulté énorme, que de grouper autour d'une table, treize personnes en bas-relief ; il a résolu la difficulté en plaçant trois personnages debout, en élevant deux têtes, en asseyant les autres personnages et en faisant prendre à deux la pose agenouillée. Les treize personnages sont parfaitement à découvert, on voit toutes les têtes. Aucune ne se confond avec les autres, et toutes répondent bien au type légendaire de chaque membre du collège apostolique. Pour la pose, pour l'attitude, pour l'expression de physionomie, vous rencontrez dans toutes les parties du dessin, la plus heureuse variété. Ce qui domine tout, c'est le beau, le profond, le grand sentiment de piété qui rayonne de ces poses, de ces attitudes et de ces physionomies. Tous les apôtres sont étonnés, attendris, ravis, quand le divin Maître réalise enfin l'abrégé promis de ses merveilles. Cette communion des apôtres, je le répète, est un chef-d'œuvre d'art, de piété, j'allais dire aussi d'éloquence.

Nos lecteurs ne confondront pas cette communion des apôtres avec la cène dont il est parlé plus haut, cène un peu fantastique, puisqu'elle se réfère à l'entrée de Madeleine pendant que Jésus mange à la table du Pharisien. Nous ne critiquons point pour cela ce bas-relief, tout à l'orientale, qui pique, par là même, et très agréablement, la curiosité.

Mais le grand, l'incomparable bas-relief, c'est le chemin de la croix. L'art antique a su nous montrer, dans le Laocoon, le plus haut degré de souffrance physique et morale sans contorsions et sans difformité. C'était déjà un grand effort de talent que de nous représenter la douleur à la fois belle et reconnaissable ; cependant il ne nous suffit plus pour peindre le Christ à la passion et à la croix. Qui pourra nous montrer le Dieu humainement tourmenté et l'homme souffrant divinement ? C'est un chef-d'œuvre idéal dont il parait qu'on peut seulement approcher ; je ne crois pas que, parmi les plus grands artistes, un seul ait jamis pu réussir à contenter le véritable connaisseur, surtout à se contenter lui-même ; cependant le modèle même *inarrivable,* ne laisse pas que d'élever et de perfectionner l'artiste.

Jésus a commandé aux éléments, guéri les malades, ressuscité les morts ; instruit, consolé et menacé les hommes ; parlé et agi pendant trois ans comme ayant puissance. A la fin, il se livre aux tourments d'un supplice affreux ; il ira au Calvaire, il montera sur la croix ; il y parlera sept fois et toujours d'une manière extraordinaire. Sa voix se renforçant à mesure que la mort s'approche pour lui obéir ; sa dernière parole sera plus haute, et libre entre les mourants comme il sera bientôt libre entre les morts. Quand il le voudra, il mourra, trompant ses bourreaux étonnés, qui n'avaient pu calculer que sur des hommes, la durée possible du supplice. Mort, il sera détaché de la croix, remis à sa mère et confié au tombeau. Il sera trois jours gisant, raide et glacé sous la pierre du sépulcre. Mais il y aura un troisième jour où le linceul s'agitera, où le front du mort se lèvera jusqu'à la pierre, où son bras rompera les sceaux de la tombe, où son regard frappera de terreur ses gardiens, où ses pieds le porteront au milieu de ses amis en pleurs.

Depuis la mort de Notre-Seigneur, les lieux marqués par quelque circonstance spéciale de sa passion, furent constamment l'objet de la vénération des chrétiens. Cette vénération se produisit extérieurement, dans tous les temps, selon les degrés de liberté dont l'Eglise a pu jouir à Jérusalem. Les visites et les pélerinages déterminèrent l'érection de colonnes ou de chapelles commémoratives. On imita ces monuments par dévotion en divers lieux de la chrétienté, à Malines, à Louvain, en Portugal, en Espagne, en Italie, en France. Ces chapelles représentaient plus où moins fidèlement la *via crucis* de la Palestine. On en voyait particulièrement dans les églises des Franciscains, gardiens des saints lieux depuis 1322, parce que les souverains Pontifes n'accordèrent d'abord d'indulgences qu'aux *viæ crucis* érigées dans les églises de leur ordre et aux personnes soumises à l'autorité où à la direction de leur général. Ces faits se rapportent au xviie siècle, aux pontificats d'Innocent XI et d'Innocent XII. Au xviiie siècle, l'érection des chemins de la croix fut successivement facilitée par les papes ; Pie VII, Léon XII répandirent encore la dévotion de ce pieux pélerinage ; en sorte que la plupart des églises de France possèdent aujourd'hui les quatorze stations du chemin de la croix peintes et quelquefois sculptées. Il n'y avait primitivement que douze stations. On y ajouta celle de la descente de croix et de la sépulture du Christ. Le chemin de la croix envisagé sous le rapport de l'art a entraîné jusqu'à présent des conséquences déplorables. Il n'est pas de mauvaises gravures, lithographies, enluminures grossières, barbouillages sur toile qui n'aient trouvé accès dans les églises pour y représenter les quatorze scènes de la passion. A Paris et en province, on fabrique des chemins de croix au mètre, dont souvent le moindre inconvénient est de ne pas trouver de place convenable à l'intérieur de l'Eglise. On les append à des piliers dont ils coupent les lignes, on les pose à un jour faux où dans l'obscurité. Cependant il n'est pas nécessaire pour gagner les indulgences attachées au *via crucis* d'avoir la peinture des stations sous les yeux. Pourquoi ne pas se contenter de simples croix ? On dépense 1,000 francs, 1,500 francs pour avoir quatorze tableaux mauvais où très médiocres. Ne peut-on les employer mieux dans l'intérêt du culte et de l'art chrétien ? que si l'on veut des tableaux, il serait préférable d'en réduire le nombre, de garder plusieurs croix simples, afin de consacrer à une descente de croix, à un crucifiement d'un bon artiste ou d'un grand maître, la somme destinée à l'acquisition de quatorze images sans valeur et sans dignité. Nous ne raisonnons pas autrement sur les stations en carton-pierre que sur les tableaux.

Ici la céramique entre en scène et en appelle, du jugement de l'histoire, par la présentation de ses œuvres. — M. Moynet, depuis plusieurs années, avec le concours effectif de plusieurs artistes distingués, notamment de M. Ernest Toussaint, sculpteur de grand mérite, travaille à la préparation des modèles d'un chemin de croix en bas-reliefs ; il pense pouvoir, dans deux ans, l'achever et l'offrir, aux églises, non pas comme le couronnement de sa carrière artistique, mais comme le fruit précieux de sa maturité. Avec le concours des artistes nommés plus haut, nous l'avons examiné à loisir ; nous donnons ici la description sommaire des sept premières stations.

Chaque station mesure en hauteur 80 centimètres ; elle est ovale, avec bas reliefs très saillants et cadre roman, gothique ou renaissance, suivant le style des églises, pour le prix de 1600 francs les quatorze stations. Le prix est accessible à tout le monde ; la station mesurant 1 m. 60 c. encadrée, offre un beau développement.

Première station : Pilate assis se lave les mains. Un petit domestique présente l'aiguière, un prétorien fait garde avec sa lance, un porte enseigne élève au fond du tableau, les insignes de l'empire. La scène a lieu sur la place du marché et dans l'appareil d'un jugement. Jésus est amené les mains liées, par des gens de police ; les faux témoins l'accusent, le juge prononce sa misérable sentence.

Deuxième station : Jésus est chargé de la croix. La scène se passe sur le forum, au fond vous voyez le palais de Pilate. Deux soldats casqués ajustent la croix sur les épaules du Christ ; des deux exécuteurs, l'un tire Jésus par devant avec une corde passée sur les reins du Sauveur ; l'autre, coiffé d'une peau de lion, le frappe par derrière avec des cordes repliées sur elles-mêmes; deux Juifs lui présentent, l'un des papiers menteurs et le bâton de l'autorité, l'autre, l'inscription de la croix ; un soldat porte les clous, le marteau et autres agrès. A l'arrière plan, les insignes de l'empire qui veut la publicité du supplice. Jésus, le regard au ciel, remercie son père de le sacrifier ainsi pour le salut du monde.

Troisième station : Jésus tombe sous le poids de sa croix, en se heurtant le pied contre les pierres du chemin ; devant lui, un Juif montre le ciel pour se moquer de lui ; un tortionnaire le frappe avec des cordes ; deux soldats casqués, l'un devant, l'autre derrière, soutiennent le bois de la croix ; un valet, au fond, porte, sur sa tête, les instruments du supplice ; à l'arrière plan, un pharisien apitoyé avec ironie et triomphant.

Quatrième station : Jésus rencontre sa très chère Mère et arrête sur elle un regard de compatissance. Marie tombe en pamoison : Jean, la tête couverte de sa grande chevelure, la soutient ; Marthe pleure dans ses mains ; Marie-Madeleine à genoux laisse tomber ses cheveux sur les pieds du Christ ; au fond, un soldat à cheval, à l'avant, un autre soldat et un porte masse ; au centre, le soldat coiffé d'une peau de lion, d'une main repoussant les saintes femmes, de l'autre, montrant le Calvaire où il faut promptement arriver ; à l'horizon, le palais de Caïphe.

Cinquième station : Simon le Cyrénéen aide Jésus à porter sa croix. Simon a son bonnet, sa serpette, sa pioche et son fagot ; comme païen, il se refuse, mais il est frappé et forcé, parce que si l'on ne trouve personne, impossible d'amener Jésus vivant. Jésus, ne pouvant plus marcher, implore en pleurant le secours de Simon, et le remercie de son concours. Un bourreau frappe le Christ avec un chat à trois queues ; un autre porte l'échelle ;

deux autres s'entretiennent. On est encore dans la ville, devant un mur de jardin.

Sixième station : Une femme pieuse essuie la face du Sauveur, le Christ est debout. Véronique sort de sa maison, et, à genoux, présente le mouchoir au Sauveur qui s'essuie lui-même la face. Un soldat repousse cette femme courageuse ; sur l'ordre exprès des Juifs, deux bourreaux frappent comme ils n'avaient pas encore frappé, l'un avec des cordes, l'autre avec un faisceau de verges ; au fond, un soldat à cheval donne ordre d'éloigner la femme Juive ; le Cyrénéen à l'arrière plan porte avec Jésus la croix.

Septième station : Jésus tombe pour la seconde fois, en implorant son Père ; Simon menaçant paraît dire : Si vous ne mettez fin à vos infamies, je vide la place. Un bourreau arrache Jésus de dessous la croix en le tirant par les épaules, un autre pousse en avant ; un Juif donne des ordres ; un soldat à cheval crie à la foule, avec un porte-voix, de ne pas avancer ; un soldat casqué et en cotte de maille, frappe avec des cordes le Christ abattu.

Les autres stations sont à l'étude. Le soin scrupuleux avec lequel on veut se rendre compte de chaque scène, au double point de vue des arts et de l'histoire, ne permet pas d'avancer plus vite. On veut du parfait, ou, à tout le moins, de l'irréprochable. De là, des tâtonnements, des lenteurs, des incertitudes, mais il ne faut pas s'en plaindre. Nous ne disons donc point : *Pendent opera interrupta ;* mais plutôt : *Cætera desiderantur.*

Des trois encadrements, le plus beau, paraît-il, doit être en style de la renaissance. Le cadre gothique, le seul qui soit terminé, est de la fin du quinzième siècle. Une ouverture ovale encadre la station ; tout autour court un premier bandeau agrémenté de feuilles de chardon ; deux colonnes torses supportent trois clochetons, celui du centre étant un peu plus élevé que les deux autres ; en haut, deux choux terminés par une tête qui

porte la croix ; en bas, cul de lampe, écusson au centre pour
recevoir le chiffre de la station ; peinture, ton chêne et or.

Nous hâtons de nos vœux l'achèvement de ce chemin de croix;
nous souhaitons qu'il s'achève comme il est commencé, avec des
études *profondes* et un travail *consciencieux*, mais il peut s'a-
chever plus vite en employant plusieurs mains ; lorsqu'il sera
terminé, nous estimons que ce sera une œuvre maîtresse et tout
à fait digne d'orner la maison du Seigneur ; nous ne saurions en
faire un plus court et plus bel éloge.

IX

L'architecture dans tout ce qu'elle a de grand, est tout entière
une production de l'esprit religieux. Depuis les ruines de Ten-
tyra jusqu'à Saint-Pierre de Rome, tous les monuments parlent ;
le génie de l'architecture n'est véritablement à l'aise que dans
les temples ; c'est là qu'au dessus du caprice, de la mode, de la
petitesse, de la licence, enfin de tous les vers rongeurs du talent,
il travaille sans gêne pour la gloire et pour l'immortalité.

La puissance de ce langage bâti, pour être latente, n'en est
pas moins certaine. Si l'architecture n'excite point à un acte
immédiat d'imitation, elle a toujours, sur ceux qui l'observent,
une merveilleuse puissance de prédisposition. Un édifice avec
son élévation et ses froides lignes ne peut guère abaisser sa grandeur aux mesquines proportions du cynisme individuel ou de
l'orgueilleux égoïsme. Mais la forme a des affinités secrètes avec
l'esprit, affinités qui découlent d'un mystère plus profond, celui
de l'union de l'âme et du corps. Cette action de l'architecture
est permanente ; la vue des formes s'impose à l'âme de l'homme
depuis sa naissance jusqu'à sa mort, et elle agit sur cette âme.

Si cette forme dans l'architecture, est une expression de la
doctrine qui doit relever l'homme du mal et l'élever à sa dignité,
elle sera l'un des instruments de cette doctrine, après la parole;

7

sinon, elle lui rapportera cette force d'inertie inhérente à la matière. Car si l'homme fait servir la matière à des fins spirituelles, c'est à condition qu'il exhalera sur elle comme un souffle de son activité, qu'il la modifiera à son image pour manifester visiblement par elle, l'état invisible de son âme, ardente par la foi, calme par l'espérance, brûlante par la charité. Mais pour communiquer par la forme cette puissance à la matière, ne faut-il pas que la forme employée soit postérieure à la pratique de ces vertus chrétiennes dans le monde ; surtout faut-il que cette forme ne soit empruntée ni aux temples ni aux idoles des dieux auxquels le paganisme expirant immolait les martyrs qui nous les ont enseignées ?

« Pénétrez dans l'infini, dit Piel, pour y chercher le mot du mystère qui lie la forme à la pensée, la matière soumise et vaincue à l'esprit triomphant. Elevez-vous sur la pyramide des clochers, humiliez-vous sur les cryptes du sanctuaire, agenouillez-vous devant l'autel, interrogez la parole faite chair ; tout ce que vous comprendrez, c'est que l'humilité apparente de l'homme dans cette matière est encore l'orgueil et que le paroxysme du génie y consiste à saisir des rapports. Mais si vous croyez humblement à la parole qui ouvre toutes les voies, qui enseigne toute vérité, qui anime toutes les œuvres de la véritable vie, vous comprendrez un jour qu'il y a une syntaxe pour exprimer les beautés de Dieu par l'art, comme il y a une syntaxe, pour signifier les vérités de Dieu par la parole. Vous ne vous étonnerez plus de l'ardeur de nos pères à renverser les signes profanes par lesquels l'humanité, dans son erreur, avait signifié les rapports établis entre elle et ses divinités impures. Vous comprendrez les couvents, ces isoloirs d'un monde encore glacé par la fatalité païenne, et d'où devait sortir en son temps cette formule complète de la cathédrale chrétienne ; cette parole bâtie, peinte et sculptée qui devait illuminer les cerveaux humains, et faire éclater, à tous les yeux, la beauté de la religion, comme

la parole avait fait briller à son intelligence la vérité de ce rapport général des êtres. » (1)

Je demande la permission de joindre à ces belles réflexions de
Piel, les observations que je faisais en 1865, sur le même sujet,
dans mes *Vignettes romaines* :

« Nous autres, gens du Nord, disais-je, habitants du pays des
brumes, nous avons adopté définitivement, pour nos églises, le
genre ogival. Le trait caractéristique de ce genre, c'est l'élancement des formes ; son but, la spiritualisation de la matière.
Dans une église gothique, le sens de la vie, l'œil de l'esprit et
l'élan du cœur ne sont point arrêtés par des objets sensibles ;
nous ne supportons ces sortes d'objets qu'autant qu'ils soulèvent
l'âme par de là les sphères terrestres et lui entr'ouvrent les
cieux.

« Les hommes du Midi, les privilégiés du ciel bleu et du beau
soleil, n'ont pas adopté, comme nous, l'idée de simuler, par les
lignes fuyantes des temples, l'immensité de l'étendue. Sans
renoncer au principe, d'application nécessaire dans une église,
d'avoir toujours une fenêtre ouverte du côté du ciel, ils ont voulu
borner aux objets présents, le culte de l'adoration. Au-dessous
du dôme figure de l'empyrée, s'élève l'autel majeur, foyer d'at-
traction des cœurs pieux. Du chœur jusqu'au vestibule, ce ne
sont, de chaque côté que chapelles, autels adossés, à des murailles sans ouverture. Sur ces autels et dans ces chapelles se déploie
toute la profusion de luxe que peut comporter le lieu saint. Cet
or, ces pierreries, ces toiles étincelantes, ces statues encombrées
de splendeurs, voilà ce que réclame et ce qui enthousiasme la
piété italienne. Sans doute, les peuples de la péninsule, par là
qu'ils sont chrétiens, adorent Dieu en esprit et en vérité. Mais
ce Dieu invisible qu'ils adorent, ils veulent le voir représenté
par des emblêmes sensibles, et si leur pensée perce la nue pour

_____

(1) *Notice biographique sur Piel*, p. 269.

aller, par de là l'éther, se prosterner devant le trône de l'Eternel, leur sentiment amoureux demande à s'épancher aux pieds d'une Vierge couronnée de gloire. Leur dévotion s'alimente au spectacle du réel ; elle aime à jouir, si j'ose ainsi dire, d'une manière sensuelle, des délices du Dieu vivant.

« D'après ces goûts bien connus, les architectes bâtissent encore aujourd'hui les églises. De gothique, de rayonnant, de flamboyant, ils n'ont pas l'idée. Point de ces porches mystérieux, de ces rosaces triomphales, de ces forêts de colonnes, de ces voûtes lointaines et de nos demi jours touchants. Partout des marbres étincelants sous un brillant soleil, partout des temples, grecs pour la forme, luxueux par l'ornementation, et dans tous aussi des foules ardentes qui aiment Dieu comme un père, qui le servent parfois avec sans-gêne, qui du moins reviennent toujours à lui, comme l'enfant prodigue.

« On peut d'ailleurs expliquer ce luxe par des idées mystiques. En général, tout ce qui est offert à Dieu en signe d'adoration, et c'est le cas des ornements de l'église, est sanctifié par sa destination. Quant aux principes de goût qui doivent présider à la distribution de ces ornements, ils doivent se prendre du double état de l'humanité, l'état de chute et l'état de régénération. Au premier correspondent les signes d'abaissement et de tristesse; au second les marques de joie et d'espérance. Dans nos églises, une sévérité qui incline davantage à la tristesse et à la mélancolie, sied mieux à la gravité de nos goûts et aux exigences de notre caractère. A Rome, au centre de la catholicité, l'idée de la réhabilitation a une plus large part que le souvenir de la chute. Là, sur le théâtre même du triomphe, on se plaît davantage à ces splendeurs qui réveillent, par l'éclat de la matière, la pensée des splendides destinées de l'homme. Tout homme qui a le sentiment des transformations opérées dans l'homme par la croix, ne contredira point ces préférences. Ceux qui gardent plus au cœur le sentiment de la faiblesse y contrediront moins encore ;

car si l'homme a tout à la fois besoin d'être abaissé et relevé, la crainte lui est pourtant moins salutaire que l'espérance.

« En exposant ces données de l'esthétique italienne, je ne les juge pas, je dis seulement qu'il est nécessaire de s'y attacher pour apprécier les églises de Rome. Des hommes de goût ont commis cette faute, par là qu'ils admettaient l'ogival comme l'archétype du beau, de condamner en bloc toutes les églises d'Italie. D'autres hommes, au delà des monts, de haut goût aussi, condamnent en bloc toutes nos cathédrales parce qu'elles n'ont, avec les basiliques de Rome, de commun que la destination. Sans doute les Italiens n'ont pas construit leurs églises pour les Français ; sans doute aussi, les Français n'ont pas construit les leurs pour les Italiens. Mais puisqu'ils ont adopté des genres différents, il faut, pour les juger, tenir compte des besoins qui en ont inspiré le choix, et accepter les principes qui en ont dicté l'exécution. Et alors on pourra dire qu'on peut admirer la cathédrale de Reims sans tenir Saint-Pierre pour une œuvre de barbarie. » (1)

Dans cette page, nous nous efforcions d'expliquer comment l'architecture gothique du Nord et l'architecture classique du Midi pouvaient réciproquement s'harmoniser avec les divers aspects du dogme chrétien et se concilier avec l'opposition des goûts, des sentiments et des idées reçus dans ces différents pays. On est venu depuis à une autre thèse. On est aujourd'hui à la recherche d'un nouveau style. De bons esprits croient possible de sortir du grec, du roman, du gothique et de la renaissance pour arriver à une création originale, qui donnerait, aux temps nouveaux, en architecture, en peinture et en sculpture, leur expression monumentale. M. Moynet et un sien ami, M. Ménuel se sont imposés spontanément comme tâche, cette recherche d'un type unique pour les trois arts de la ligne, du relief et des cou-

---

(1) *Vignettes romaines*, p. 21.

leurs. Leur objectif est de construire une église en miniature, avec ses formes de construction, ses tons de couleurs, sa décoration artistique, église typique dans ses détails et dans son ensemble, sorte de canon qui ouvrirait, à l'art des voies inconnues. M. Ménuel architecte, dresserait le gros œuvre ; M. Moynet statuaire, s'occuperait plus spécialement de la décoration. Nous avons tenu entre nos mains, les premiers éléments de ce travail; nous avons discouru longuement, avec les auteurs, des combinaisons de leurs projets et des chances de la réussite, le protocole est ouvert ; nous espérons que les hardis régénérateurs de l'art ne le laisseront pas en blanc.

Nous citons ici, sur un sujet si grave, les observations d'un de nos bons amis, le P. Hilaire, de l'ordre des Capucins. Le P. Hilaire, qui pense comme saint Thomas, et qui est pieux comme saint Bonaventure, s'occupe de restaurer, parmi nous, la grande science de la philosophie et de la théologie. Dans cette restauration, il a dû s'occuper de l'art, de sa rénovation, de sa transformation, de ses progrès, et voici ce qu'il en dit :

« L'art universel est ce que presse et cherche le génie moderne. Par cet art universel nous n'entendons point la confusion de tous les arts, confusion qu'on amène en mariant le gothique et l'antique, de façon à supprimer leurs formes, et à remplacer, à la fois la simplicité de l'un et la grâce de l'autre par des lignes bizarres, ou des arabesques capricieuses, qui semblent offrir quelque chose de joli, mais qui n'ont rien de beau.

« L'art universel s'obtient par l'*union*, l'*ordre*, l'*harmonie* des deux arts antique et gothique, en conservant leur distinction : laissez le gothique tel qu'il est, unissez-lui l'antique, trouvez le secret de les harmoniser tous deux sans les confondre, ne dénaturez point la sévérité de l'ogive, la beauté des tours gothiques avec leurs cloches et leurs flèches, l'élancement mystique et surtout naturel des voûtes, l'ensemble merveilleux des nefs et de la croix, la splendeur et la richesse symbolique des ornements sans nombre. Si vous voulez être créateur, et faire revivre le style chrétien de nos pères, sans être le copiste des âges précédents, trouvez une idée de génie pour unir et harmoniser dans cette unité sublime ce qu'il y a de pur, de beau, du véritable antique, avec la sainteté de l'art chrétien. N'y aurait-il pas en effet un secret de faire apparaître divinement la coupole céleste et lumineuse, après un vaisseau mystérieux du moyen-âge ? N'y aurait-il pas un moyen de jeter en avant, avec des sculptures représentant les anciens âges et la loi de Moïse, quelques lointains portiques, quelques galeries antiques, comme des avenues vers une façade gothique, qui s'élance et domine dans l'horizon. Cette façade aurait son grand Christ de pierre, chef-d'œuvre de la sculpture surmonté d'une rosace; elle aurait ses deux flèches, figure de l'échelle de Jacob : sur l'une descendraient les anges, selon leur hiérarchie, sur l'autre monteraient les saints avec leurs vertus; tandis qu'autour du Christ, la pierre offrirait les mystères qui sont l'entrée du christianisme, et le commencement de l'Église depuis l'Annonciation jusqu'à la Pentecôte. Saint Pierre apparaît aux pieds du Christ pour faire entrer dans le vaisseau du salut. A l'intérieur, la peinture montrerait toute l'histoire de l'Église, et la Madone de saint Luc près du Saint des Saints. L'abside représenterait les sacrements et la sanctification des âmes. Au-dessus de l'autel du sacrifice s'élèverait la sublime coupole, symbole de la divinité, de la gloire, de l'Esprit-Saint et de la plénitude des choses : de l'autel partirait pour monter jusqu'au faîte de la coupole, la procession des saints à la suite de Jésus et de Marie, au dernier de tous les jours. Au-dessus du Temple, dans les airs seraient les Anges de l'Apocalypse, avec les coupes, les trompettes et les foudres ; Jésus à la cîme descendrait du ciel, pour frapper l'Antechrist, les démons et les impies écrasés par les soubassements extérieurs.

« Le génie pourrait, de la sorte, à l'aide de l'unité d'une idée, de la variété des styles, montrer l'unité de la Providence avec

la variété de tous les âges. Une belle basilique serait une théologie tout entière, une épopée, un abrégé de tout l'univers. L'art
deviendrait le fils parfait de l'histoire et de la science en trou-
vant le secret céleste de s'harmoniser avec les temps. Les Patriarches et Israël, les Grecs et les Romains ont préparé l'Évangile, et l'Évangile a recueilli dans son sein toutes les vérités,
débris des naufrages qui l'avaient précédé. Pourquoi l'antique
ne pourrait-il ainsi s'unir au gothique par un trait de génie, par
un mouvement d'amour à la Trinité-Sainte ? L'antique est la
Nature, l'œuvre de Dieu le Père ; le gothique est la grâce, l'é-
coulement de son Fils. Or le Père et le Fils s'unissent entre eux
dans l'Esprit-Saint leur substantiel amour. De même l'image et
la ressemblance, la nature et la grâce, s'embrassent dans le génie
de l'Amour, de l'Espérance et de la Foi.

 « Opérez en peinture et en sculpture la même idée divine.
Dans la première, unissez Apelles et Fra-Angelico ; celui-ci, dit
Raphaël, allait chercher ses inspirations au ciel ; dans la seconde
joignez Phidias à l'humble sculpteur des cathédrales gothiques :
et prenez le modèle qui convient. Que de peintres et de sculpteurs
consacrent leur main à la servile imitation de la nature, et n'ont
rien de surnaturel. Le type suprême de la sculpture est le Christ
en croix ; ici la peinture ne saurait réussir comme la sculpture,
car on change le Christ et l'Évangile en montrant Jésus sur la
croix avec la beauté des couleurs et l'embellissement de la forme
qui fut au Calvaire toute défigurée. Il convient à la sculpture
d'exprimer la souffrance de l'humanité, avec le calme de la
Divinité : le nu de la pierre lui épargne des couleurs contraires
à la vérité, ou pénibles pour l'art et la pierre se creuse pour se
prêter à l'anatomie d'un patient que l'on déchire ; mais elle reste
immobile, calme et inébranlable pour signifier la tranquillité
d'un Dieu qui demeure immuable alors que son humanité
meurt.

 « Pour cette œuvre, il faudrait le génie d'un Michel Ange et le cœur d'un saint qui aurait plongé dans l'ascèse du moyen-âge et savouré le calice de l'agonie. » (1)

Le monument rêvé par le Père Hilaire, son église type, doit s'élever aux plus hautes proportions. Des deux colonnades concentriques, placées comme à saint Pierre au Vatican, pour avenue de la façade, l'une représenterait le Judaïsme, l'autre la Gentilité ; la première, construite selon l'architecture mosaïque, présenterait les statues d'Adam, de Noé, d'Abraham, de Moïse et des prophètes ; la seconde construite selon les arts de la gentilité, contiendrait les statues de la Révélation, de la Tradition, de la Raison, de la Foi, de la Prudence, de la Justice, de la Force et de la Tempérance. L'église proprement dite serait la cathédrale gothique du xiii⁰ siècle, surmontée, à l'arc triomphal, du dôme italien. Chaque partie de l'édifice serait décorée suivant le caractère du monument dont elle devrait relever les lignes, et faire parler les contours. Sans contester autrement la grandeur de cette conception, ni la beauté de l'église en projet, il nous semble qu'elle serait au point de vue artistique, plutôt une *juxtaposition* des types que la création d'un style nouveau; et qu'au point de vue des doctrines, il faudrait se garer avec soin dans l'exécution, je ne dis pas du Syncrétisme rationaliste, mais des tendances semi-pélagiennes, où les honnêtes gens se laissent volontiers prendre. Cependant, il ne s'agit pas de discourir; nous attendons l'église-type des frères Moynet et Ménuel, et, autant qu'il est en nous, leur souhaitant bonne chance, nous leur offrons le cordial encouragement de nos sympathies.

X

Nous touchons au terme de ce travail.

La peinture et la sculpture, en tout qu'arts plastiques, sont des moyens appropriés, comme l'éloquence et la poésie, à agir sur l'esprit et le cœur de l'homme, pour les former et les enno-

---

(1) *Notion Théologique sur les arts,* p. 19.

blir par la représentation des personnages célèbres, des hauts faits et des vérités morales. Ces moyens de civilisation, qui répondent si bien à la nature, à la foi matérielle et spirituelle de l'homme, ne pouvaient être négligés par l'Église, qui est la grande institutrice du genre humain. On voit, en effet, que pour élever et civiliser les hommes, l'Église s'est servi plus ou moins, dans tous les temps, de la peinture, de la sculpture et de la statuaire. L'Église n'est pas seulement la mère des âmes, elle est encore la mère des arts. Mais nous voyons aussi, de bonne heure, s'élever contre l'Église, des légions d'ennemis, et en même temps qu'ils veulent altérer la loi morale, défigurer le dogme ou troubler la hiérarchie, ils font presque toujours la guerre aux images. Si l'Église est maîtresse des arts, ses ennemis sont tous volontiers iconoclastes. En Orient, sans parler d'un certain Xenaïas, nous voyons les Musulmans de La Mecque et les schismatiques de Bysance, également hostiles aux arts plastiques ; les césars bysantins, et c'est l'observation de Marx, poussèrent même si loin le fanatisme, qu'ils entraînèrent la ruine de la religion et de la Société. En Occident, les mêmes passions aboutissent aux mêmes résultats. Sans remonter jusqu'à Sérénus, nous voyons les Wiclefites, les Hussites, les sectes protestantes, en dernier lieu, les factions révolutionnaires guerroyer contre les saints de Dieu. Dans notre loyal pays de France, au xvie siècle, toutes les provinces où les huguenots prévalurent, virent saccager leurs églises ; Luther qui les connaissait, disait que les biens volés avaient fait plus de convertis que l'Evangile. Au xviiie siècle, on avait parlé longtemps d'abus à réformer, de progrès à étendre, de bien-être à agrandir. Maintenant, venez et voyez : le peuple, timide lorsqu'il est bon, lorsqu'il est jeté hors de la modestie devient bête fauve. Cette église possède de magnifiques tourelles ; ils en abattent la croix pour en marteler les sculptures ; ces fenêtres rayonnent de vitraux splendides, ils les défoncent pour en fondre le plomb ;

cet autel possède un rétable, chef-d'œuvre de l'artiste, ils le renversent pour en brûler les morceaux ; ces colonnes portent des chapiteaux à personnages, ils en brisent les têtes et les ornements ; ces niches sont peuplées de statues, ils les décapitent; ces murs sont tapissés de toiles antiques, ils les lacèrent pour s'en fabriquer des vêtements ; cette sacristie possède dans son trésor de vénérables bannières, de vieux meubles historiés, des calices ; ils volent, ils pilent pour se livrer à de sacriléges parodies.

La bande noire continua les sacriléges de la révolution. Les administrations municipales et le gouvernement lui-même se virent aussi parfois dans la nécessité douloureuse de prendre ou de garder quelques monuments religieux, ici, pour installer un tribunal, là, pour loger une administration. Nous avons vu des chœurs d'églises transformés en musées d'antiques, des monastères changés en prisons, et même en haras. Là où avaient prié les vierges ou les cénobites, grouillaient des scélérats ou grognaient des pourceaux.

Depuis cinquante ans, une restauration en sens contraire s'est opérée pour l'archéologie et l'art chrétien. Dès l'aurore du siècle, Chateaubriand avait montré le Christianisme dans sa beauté ; plus tard, Victor Hugo, Montalembert, Didron, Rio et plusieurs autres, rétablirent, sur sa véritable base, la théorie de l'art religieux. C'est une nouvelle renaissance, qui est la contre partie de celle du seizième siècle. En même temps qu'on réhabilitait l'art ogival, on réparait les monuments qu'il a produit, on en construisait d'autres sur le même plan. Sans vouloir flatter notre siècle, il est constant qu'on n'a jamais tant bâti. Par son ardeur à tout refaire, notre époque ressemble aux années qui suivirent l'an mil et à la seconde moitié du treizième siècle. Un jour viendra, si la Providence nous épargne de nouveaux orages, où les Raoul Glaber du xixe siècle pourront déclarer qu'en ces jours si difficiles, l'Occident s'est revêtu d'une blanche tunique d'églises.

Après ce travail providentiel de réparation et de construction, il fallait venir aux accessoires de l'architecture. Dieu qui ne manque jamais à l'Église de Jésus-Christ, devait susciter des artistes pour la création des monuments décoratifs de l'église. Les artistes se sont levés pour répondre à la consigne d'en haut. Peintres, statuaires, mosaïstes, verriers, émailleurs, orfèvres, musiciens, liturgistes, chacun d'eux est venu à son heure. C'est à ce grand dessein qu'a voulu répondre Léon Moynet. Digne enfant de la muse catholique, aussi laborieux comme ouvrier que désintéressé comme artiste, il a mis au service de la statuaire en terre cuite, un esprit exempt de préjugés et de passions, une âme douce et fière, un cœur aussi ferme qu'ardent. Nous n'ignorons pas que l'art industriel comporte des produits qui rivalisent avec la terre cuite ; par exemple la fonte moulée, qui compte à Sommevoire, à Osne-le-Val, à Brousseval et à Tusey, de si dignes représentants. Nous n'ignorons pas davantage que la statuaire, à côté du nom de Moynet, s'honore des noms de Blanchard à Gand, de Meyer à Munich, de Pierson à Vaucouleurs, de Champigneulles à Bar-le-Duc, de Raffl et Frock-Robert à Paris ; mais Léon Moynet en surpasse plus d'un, en égale plusieurs et aucun ne l'efface. Dans sa statuaire, il est un maître ; par son courage à supporter les épreuves des mauvais jours, par sa persévérance au travail même dans la disgrâce, par son zèle à pousser toujours en avant et à monter plus haut, on peut le saluer comme le chevalier des saints ; surtout c'est un chevalier populaire, l'artiste béni de la petite église des pauvres habitants des campagnes. En supputant ce qu'il a fourni aux églises depuis le commencement de sa carrière, on arriverait au chiffre colossal de cinq cent mille pièces ; en considérant le développement progressif de ses ateliers, il peut, avant le terme de sa vie, s'il plaît à Dieu, en produire encore autant. Puisque le métier littéraire nous a conduit, en France et à l'étranger, dans la plupart des établissements analogues, nous n'hésitons pas à dire que l'établissement de Vendeuvre est l'un des plus importants du monde chrétien. Les saints, qui remplissent le Ciel de leur gloire en ont fait descendre ici les rayons et fait sentir la touche de leurs grâces. Lorsque vous vous représentez en esprit, ce beau panorama où tous ces saints étalent leur nimbe d'or et vous attirent sous leur main bénissante, vous vous prendriez à demander, comme Clovis à saint Remy : « Est-ce donc ici ce Ciel dont on nous a tant parlé ? » Quant à M. Léon Moynet, avec son art de thaumaturge, avant de le quitter, nous nous inclinons devant lui, comme devant le Raphaël contemporain de la terre cuite, le digne émule, mais dans une sphère plus sainte, des Bernard de Palissy et des Luca della Robbia. Qu'il lui soit donc rendu, dans cet opuscule, un premier honneur, en attendant qu'une initiative spontanée et souveraine, fasse rayonner, sur sa tête féconde, la consécration de tous ses mérites.

Déjà dans différentes expositions, M. Moynet a obtenu la mention honorable, les médailles d'argent et de vermeil, et le diplôme d'honneur ; nous le croyons supérieur à toutes ses fortunes, et nous le jugeons capable d'atteindre les hauts sommets de son art. La vie des saints, c'est Dieu surnaturellement manifesté dans les œuvres de la créature raisonnable, c'est Jésus-Christ se reproduisant, en traits plus imitables, dans les actes du chrétien ; c'est la vérité de nos dogmes, la sainteté de nos lois, la fécondité de nos sacrements, la vertu de nos sacrifices et la puissance suppliante de la prière glorifiée par l'héroïsme des vertus et l'éclat des miracles ; c'est, en un mot, la religion rendue sensible, dans la vie et dans la mort de ses enfants. Par conséquent pour le servir en modelant des saints, pour présenter les saints parfaitement dans ce surnaturel qui transforme leur nature, il faut monter, monter toujours vers le plus bel idéal.

Nos réalistes, je le sais bien, nient cet idéal, pour asseoir, disent-ils, enfin et définitivement, l'art sur une base positive. Ce qu'ils appellent *base positive*, c'est la nature dégradée, aspirant toujours à descendre et croyant qu'elle monte vers l'empyrée, lorsqu'elle descend dans l'abime. Le naturalisme, c'est la destruction de l'art, même rationnel, à plus forte raison de l'art catholique, et l'apothéose de la bête. Heureusement les réalistes ne sauraient prévaloir sans se suicider ; ils ne sauraient nier la nécessité, l'existence, les conditions et les catégories de l'idéal, sans se décerner un brevet de barbarie. L'idéal, c'est le principe, le moyen et la fin de l'art ; l'art en procède et en vit pour y ramener les âmes ; et quand il s'agit d'art chrétien, en ramenant l'intelligence à la vérité, le sentiment à la délicatesse, la volonté à la vertu, il les ramène à leur idéal concret et éternel, à Dieu lui-même.

« L'idéal, disions-nous en 1864 au Congrès scientifique de France, l'idéal, c'est la perfection de l'art. Rêver à la vue des merveilles de la nature quelque chose de plus lumineux, rêver à la vue des grandes agitations de l'âme quelque chose de plus grand, et quand l'œuvre est faite, quand le type rêvé est descendu dans cette ferme concrète qu'il vient illuminer d'un reflet divin, concevoir un type plus parfait, une forme plus pure, une expression plus radieuse, poursuivre le mieux, toujours le mieux, telle est l'éclatante et douloureuse destinée de l'art. L'artiste fidèle entend donc une voie intérieure qui lui crie : *Sursum corda !* « L'homme n'est ni ange, ni bête, dit Pascal, et le malheur est que qui veut faire l'ange fait la bête. » La douloureuse destinée de l'artiste, au retour de ses pérégrinations vers les hauts sommets, est donc de voir enfoncer ses membres dans la fange des bas lieux. Plus son vol a été altier, plus a été fort le vent qui l'a précipité des hauteurs, plus est lourd le poids qui pèse sur sa tête. Moment terrible ; redoutable épreuve ! Ah ! Que cet enfant de lumière ne se laisse pas envahir par les ténèbres ; et puisse-t-il trouver, dans les réminiscences de l'idéal, un dégoût sublime, pour ces satisfactions méprisables pour ces faiblesses ignobles qui le priveraient du retour de ces visions et l'empêcheraient bientôt d'en goûter les chastes délices !

« Ce sentiment de l'idéal, si bien fait pour défendre l'artiste contre les turpitudes, lui inspire d'ailleurs un esprit de prosélytisme, qui doit être un instrument de perfection morale. Épris des beautés divines, l'artiste veut les faire admirer aux autres ; il n'y a, pour lui, ni repos ni honneur, s'il ne répand, dans les âmes cette heureuse contagion. C'est là, sans contredit, la plus haute fonction de l'art, et, pour employer un mot juste dont on a étrangement abusé, c'est en ce sens que l'art est un sacerdoce. Oui, un sacerdoce, c'est-à-dire un organe prédestiné à la propagation de hautes pensées, de sentiments nobles, une inspiration de vertu, et comme un huitième sacrement. Tous les maîtres l'ont ainsi entendu ; tous les chefs-d'œuvre en fournissent encore la preuve. Ni Homère, ni Eschile, ni Virgile, ni Corneille, ni aucun de ceux dont le nom est resté dans les souvenirs de la gloire n'a voulu autre chose qu'inspirer de saintes terreurs, de nobles pitiés, de généreuses passions. L'Iliade, l'Énéide, le Promethée, l'Œdipe, Cinna, Athalie, ont peuplé la mémoire des peuples de grands personnages, ils parlent encore au cœur, éclairent la raison, remuent l'âme et élèvent le niveau de l'humanité. La Bible avec ses scènes grandioses ou touchantes, la théogonie antique avec ses mystérieuses horreurs, le caractère romain avec son énergie stoïque, l'esprit chrétien avec ses luttes et ses dévouements, les luttes chevaleresques du moyen âge avec leurs passions acharnées et leurs glorieuses issues, voilà l'immortelle matière dans laquelle ces grands hommes ont taillé des héros. De ces spectacles variés, nous retirons une impression uniforme d'étonnement, de surprise, d'admiration, de sympathie. A étudier leurs ouvrages, nous nous sentons meilleurs ; à savourer cette haute poésie, il semble que notre âme prenne des ailes, pour s'élever au-dessus des vulgarités de la vie et s'élancer haletante vers l'infini. Qui de nous ne s'est senti lui-même poète en quelques heures d'ineffable souvenir? Qui n'a senti s'élargir sa pensée et s'agrandir son âme en recueillant, à travers les siècles, les discours des vainqueurs d'Ilion, l'immortel sanglot du grand captif de Jupiter, les pleurs enjoués d'Andromaque, les lamentations d'Hécube, le cri du vieil Horace, et les épouvantements de Macbeth. Voilà la mission de l'art, voilà l'effet des émotions de l'idéal en passant de l'âme du poète dans l'âme de son auditoire. » (1)

Au statuaire chrétien de suivre, dans ses créations, les grandes lois de l'art catholique, c'est là son strict devoir, c'est aussi son honneur, et, pour une grande part, son plus puissant moyen d'action sur les âmes.

Louze, le 30 Mai 1877.

FIN.

-----

(1) *Du réalisme dans la littérature*, p. 10.

TABLE DES MATIÈRES.

ERRATA.

— o —

Page 13, ligne 32, lisez : les neuf chœurs.

Page 17, ligne 29, lisez : sur la route.

Page 19, ligne 20, lisez : deux autels.

Page 20, ligne 34, lisez : *Poetæ*.

Page 22, ligne 3, lisez : nous font.

Page 48, ligne 24, lisez : décoration.

Page 74, ligne 4, lisez : *Sororum*.

Page 92, ligne 9, lisez : jamais.

Le lecteur indulgent pardonnera quelques autres très-petites fautes.

N.-B. — Outre cet opuscule, on peut consulter, sur la maison de M. Moynet, les *Souvenirs de l'Exposition*, qui eut lieu à Chaumont en 1865. Dans cet écrit, il est parlé de cet établissement avec plus de briéveté, mais avec une entière exactitude. Les *Souvenirs de l'Exposition* se trouvent à l'imprimerie CAVANIOL et chez les Libraires de Chaumont-en-Bassigny.

BIOGRAPHIE DE LA HAUTE-MARNE

2 vol. in-8°, en souscription.

La Biographie de la Champagne finit à 1789 ; la Biographie de la Haute-Marne commence à la formation du département. Depuis cette époque, il a paru, dans toutes les sphères de l'activité publique et privée, des hommes dont il est temps de recueillir les souvenirs, si l'on ne veut s'exposer à ce qu'ils s'effacent de la mémoire. On a donc pensé à écrire la Biographie de la Haute-Marne depuis 1789. Cette Biographie comprend les évêques, les prêtres, les administrateurs, les magistrats, les soldats, les savants, les artistes, les littérateurs, les hommes distingués dans l'agriculture, l'industrie, le commerce, enfin tous les hommes qui, par une vocation exceptionnelle, se sont fait une place dans l'histoire. Nous disons l'*histoire*, car outre qu'un tel livre est le *livre d'or* des familles, il doit constituer aussi, par l'ensemble des biographies, l'histoire du département et du diocèse. On publiera cet ouvrage par souscription. L'auteur a pris à sa charge tous les frais du travail ; il laissera aux acquéreurs les seuls frais de composition. C'est un monument qu'on élève à frais communs et à l'honneur de tous les mérites reconnus par l'opinion ou sanctionnés par les services.

OUVRAGES DU MÊME AUTEUR.

Mgr FÈVRE A ÉDITÉ :

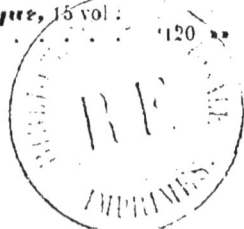

IMPRIMERIE VEUVE CARNANDET

10, Rue de Laune, Saint-Dizier.

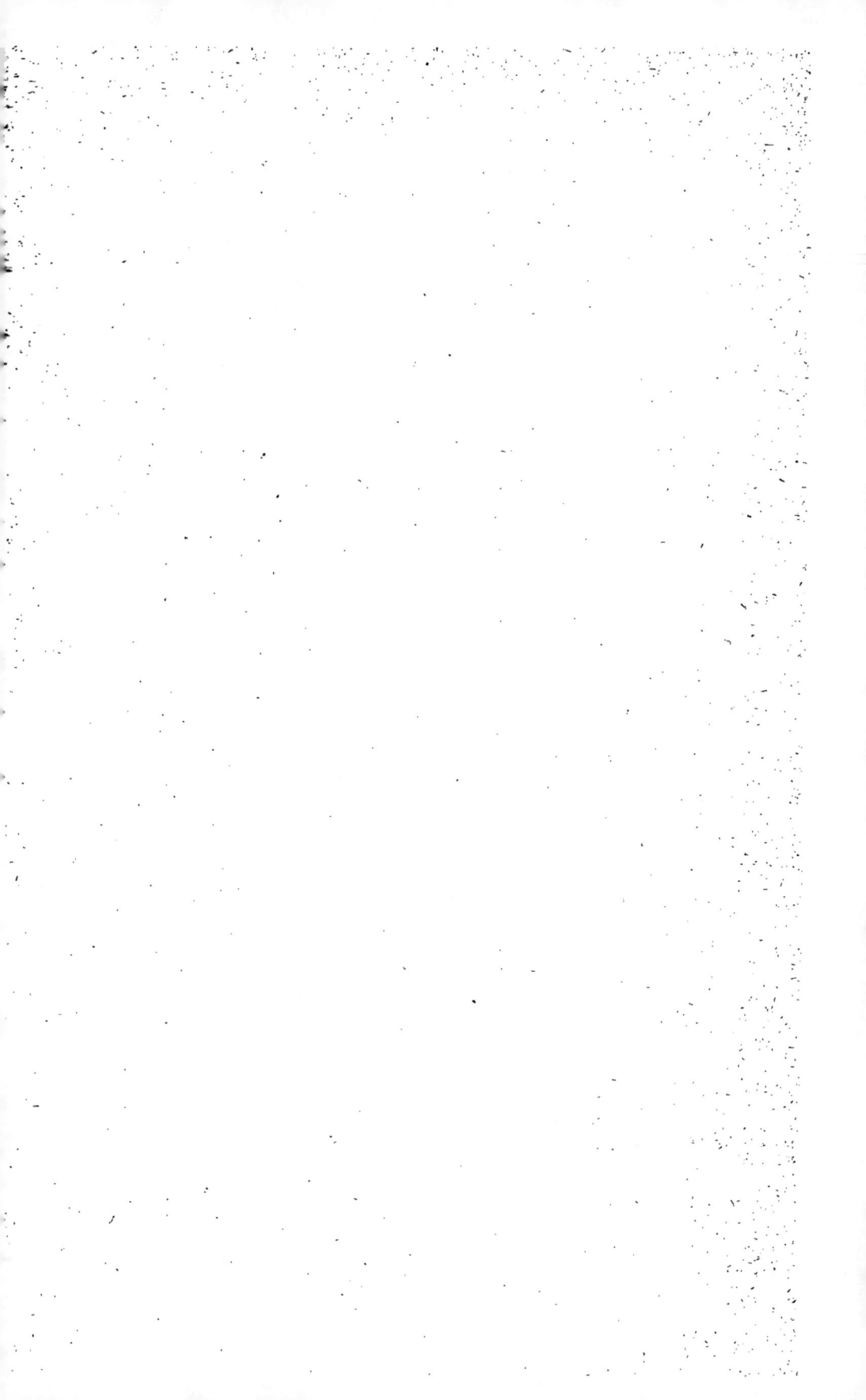